TADJIK
VOCABULAIRE

FRANÇAIS
TADJIK

Les mots les plus utiles
Pour enrichir votre vocabulaire et aiguiser
vos compétences linguistiques

7000 mots

Vocabulaire Français-Tadjik pour l'autoformation. 7000 mots
Dictionnaire thématique

Par Andrey Taranov

Les dictionnaires T&P Books ont pour but de vous aider à apprendre, à mémoriser et à réviser votre vocabulaire en langue étrangère. Ce dictionnaire thématique couvre tous les grands domaines du quotidien: l'économie, les sciences, la culture, etc ...

Acquérir du vocabulaire avec les dictionnaires thématiques T&P Books vous offre les avantages suivants:

*   Les données d'origine sont regroupées de manière cohérente, ce qui vous permet une mémorisation lexicale optimale
*   La présentation conjointe de mots ayant la même racine vous permet de mémoriser des groupes sémantiques entiers (plutôt que des mots isolés)
*   Les sous-groupes sémantiques vous permettent d'associer les mots entre eux de manière logique, ce qui facilite votre consolidation du vocabulaire
*   Votre maîtrise de la langue peut être évaluée en fonction du nombre de mots acquis

T&P Books Publishing
www.tpbooks.com

ISBN: 978-1-78400-242-8

Ce livre existe également en format électronique.
Pour plus d'informations, veuillez consulter notre site: www.tpbooks.com ou rendez-vous sur ceux des grandes librairies en ligne.

VOCABULAIRE TADJIK POUR L'AUTOFORMATION
Dictionnaire thématique

Les dictionnaires T&P Books ont pour but de vous aider à apprendre, à mémoriser et à réviser votre vocabulaire en langue étrangère. Ce lexique présente, de façon thématique, plus de 7000 mots les plus fréquents de la langue.

- Ce livre comporte les mots les plus couramment utilisés
- Son usage est recommandé en complément de l'étude de toute autre méthode de langue
- Il répond à la fois aux besoins des débutants et à ceux des étudiants en langues étrangères de niveau avancé
- Il est idéal pour un usage quotidien, des séances de révision ponctuelles et des tests d'auto-évaluation
- Il vous permet de tester votre niveau de vocabulaire

Spécificités de ce dictionnaire thématique:

- Les mots sont présentés de manière sémantique, et non alphabétique
- Ils sont répartis en trois colonnes pour faciliter la révision et l'auto-évaluation
- Les groupes sémantiques sont divisés en sous-groupes pour favoriser l'apprentissage
- Ce lexique donne une transcription simple et pratique de chaque mot en langue étrangère

Ce dictionnaire comporte 198 thèmes, dont:

les notions fondamentales, les nombres, les couleurs, les mois et les saisons, les unités de mesure, les vêtements et les accessoires, les aliments et la nutrition, le restaurant, la famille et les liens de parenté, le caractère et la personnalité, les sentiments et les émotions, les maladies, la ville et la cité, le tourisme, le shopping, l'argent, la maison, le foyer, le bureau, la vie de bureau, l'import-export, le marketing, la recherche d'emploi, les sports, l'éducation, l'informatique, l'Internet, les outils, la nature, les différents pays du monde, les nationalités, et bien d'autres encore …

TABLE DES MATIÈRES

GUIDE DE PRONONCIATION

Lettre	Exemple en tadjik	Alphabet phonétique T&P	Exemple en français
A a	Рахмат!	[a]	classe
Б б	бесохиб	[b]	bureau
В в	вафодорй	[v]	rivière
Г г	гулмохй	[g]	gris
Ғ ғ	мурғобй	[ʁ]	R vibrante
Д д	мадд	[d]	document
Е е	телескоп	[e:]	aller
Ё ё	сайёра	[jɔ]	pavillon
Ж ж	аждахо	[ʒ]	jeunesse
З з	сӯзанда	[z]	gazeuse
И и	шифт	[i]	stylo
Й й	обчакорй	[i:]	industrie
Й й	хайкал	[j]	maillot
К к	коргардон	[k]	bocal
Қ қ	нуқта	[q]	cadeau
Л л	пилла	[l]	vélo
М м	мусиқачй	[m]	minéral
Н н	нонвой	[n]	ananas
О о	посбон	[o:]	tableau
П п	папка	[p]	panama
Р р	чароғак	[r]	racine, rouge
С с	суръат	[s]	syndicat
Т т	тарқиш	[t]	tennis
У у	мухаррик	[u]	boulevard
Ӯ ӯ	кӯшк	[œ]	neuf
Ф ф	фурӯш	[f]	formule
Х х	хушксолй	[X]	scots - nicht, allemand - Dach
Ҳ ҳ	чарогох	[h]	[h] aspiré
Ч ч	чароғ	[ʧ]	match
Ҷ ҷ	ҷанҷол	[dʒ]	adjoint
Ш ш	нашриёт	[ʃ]	chariot
Ъ ъ [1]	таърихдон	[:], [ˈ]	muet
Э э	эхтимолй	[ɛ]	faire
Ю ю	юнонй	[ju]	voyou
Я я	яхбурча	[ja]	caviar

Remarques

[1]   [:] - Allonge la voyelle précédente; ['] - Après consonnes est utilisé comme un «signe dur»

ABRÉVIATIONS
employées dans ce livre

Abréviations en français

adj	-	adjective
adv	-	adverbe
anim.	-	animé
conj	-	conjonction
dénombr.	-	dénombrable
etc.	-	et cetera
f	-	nom féminin
f pl	-	féminin pluriel
fam.	-	familiar
fem.	-	féminin
form.	-	formal
inanim.	-	inanimé
indénombr.	-	indénombrable
m	-	nom masculin
m pl	-	masculin pluriel
m, f	-	masculin, féminin
masc.	-	masculin
math	-	mathematics
mil.	-	militaire
pl	-	pluriel
prep	-	préposition
pron	-	pronom
qch	-	quelque chose
qn	-	quelqu'un
sing.	-	singulier
v aux	-	verbe auxiliaire
v imp	-	verbe impersonnel
vi	-	verbe intransitif
vi, vt	-	verbe intransitif, transitif
vp	-	verbe pronominal
vt	-	verbe transitif

CONCEPTS DE BASE

Concepts de base. Partie 1

1. Les pronoms

je	ман	[man]
tu	ту	[tu]
il	ӯ, вай	[œ], [vaj]
elle	ӯ, вай	[œ], [vaj]
ça	он	[on]
nous	мо	[mo]
vous	шумо	[ʃumo]
vous (form., sing.)	Шумо	[ʃumo]
vous (form., pl)	Шумо	[ʃumo]
ils, elles (inanim.)	онон	[onon]
ils, elles (anim.)	онхо, вайхо	[onho], [vajho]

2. Adresser des vœux. Se dire bonjour. Se dire au revoir

Bonjour! (fam.)	Салом!	[salom]
Bonjour! (form.)	Ассалом!	[assalom]
Bonjour! (le matin)	Субхатон ба хайр!	[subhaton ba χajr]
Bonjour! (après-midi)	Рӯз ба хайр!	[rœz ba χajr]
Bonsoir!	Шом ба хайр!	[ʃom ba χajr]
dire bonjour	саломалейк кардан	[salomalejk kardan]
Salut!	Ассалом! Салом!	[assalom salom]
salut (m)	вохӯрдй	[voχœrdi:]
saluer (vt)	вохӯрдй кардан	[voχœrdi: kardan]
Comment allez-vous?	Корхоятон чй хел?	[korhojaton tʃi: χel]
Comment ça va?	Корхоят чй хел?	[korhojat tʃi: χel]
Quoi de neuf?	Чй навигарй?	[tʃi: navigari:]
Au revoir! (form.)	То дидан!	[to didan]
Au revoir! (fam.)	Хайр!	[χajr]
À bientôt!	То вохӯрии наздик!	[to voχœri:i nazdik]
Adieu! (fam.)	Падруд!	[padrud]
Adieu! (form.)	Хайрбод! Падруд!	[χajrbod padrud]
dire au revoir	падруд гуфтан	[padrud guftan]
Salut! (À bientôt!)	Хайр!	[χajr]
Merci!	Рахмат!	[rahmat]
Merci beaucoup!	Бисёр рахмат!	[bisjor rahmat]

Je vous en prie	Марҳамат!	[marhamat]
Il n'y a pas de quoi	Намеарзад	[namearzad]
Pas de quoi	Намеарзад	[namearzad]

Excuse-moi!	Бубахш!	[bubaχʃ]
Excusez-moi!	Бубахшед!	[bubaχʃed]
excuser (vt)	афв кардан	[afv kardan]

s'excuser (vp)	узр пурсидан	[uzr pursidan]
Mes excuses	Маро бубахшед	[maro bubaχʃed]
Pardonnez-moi!	Бубахшед!	[bubaχʃed]
pardonner (vt)	бахшидан	[baχʃidan]
C'est pas grave	Ҳеҷ гап не	[heʧ gap ne]
s'il vous plaît	илтимос	[iltimos]

N'oubliez pas!	Фаромӯш накунед!	[faromœʃ nakuned]
Bien sûr!	Албатта!	[albatta]
Bien sûr que non!	Албатта не!	[albatta ne]
D'accord!	Розй!	[rozi:]
Ça suffit!	Бас!	[bas]

3. Les nombres cardinaux. Partie 1

zéro	сифр	[sifr]
un	як	[jak]
deux	ду	[du]
trois	се	[se]
quatre	чор, чаҳор	[ʧor], [ʧahor]

cinq	панҷ	[panʤ]
six	шаш	[ʃaʃ]
sept	ҳафт	[haft]
huit	ҳашт	[haʃt]
neuf	нуҳ	[nuh]

dix	даҳ	[dah]
onze	ёздаҳ	[jozdah]
douze	дувоздаҳ	[duvozdah]
treize	сездаҳ	[sezdah]
quatorze	чордаҳ	[ʧordah]

quinze	понздаҳ	[ponzdah]
seize	шонздаҳ	[ʃonzdah]
dix-sept	ҳафдаҳ	[hafdah]
dix-huit	ҳаждаҳ	[haʒdah]
dix-neuf	нуздаҳ	[nuzdah]

vingt	бист	[bist]
vingt et un	бисту як	[bistu jak]
vingt-deux	бисту ду	[bistu du]
vingt-trois	бисту се	[bistu se]

| trente | сй | [si:] |
| trente et un | сию як | [siju jak] |

trente-deux	сию ду	[siju du]
trente-trois	сию се	[siju se]
quarante	чил	[tʃil]
quarante et un	чилу як	[tʃilu jak]
quarante-deux	чилу ду	[tʃilu du]
quarante-trois	чилу се	[tʃilu se]
cinquante	панчоҳ	[pandʒoh]
cinquante et un	панчоҳу як	[pandʒohu jak]
cinquante-deux	панчоҳу ду	[pandʒohu du]
cinquante-trois	панчоҳу се	[pandʒohu se]
soixante	шаст	[ʃast]
soixante et un	шасту як	[ʃastu jak]
soixante-deux	шасту ду	[ʃastu du]
soixante-trois	шасту се	[ʃastu se]
soixante-dix	ҳафтод	[haftod]
soixante et onze	ҳафтоду як	[haftodu jak]
soixante-douze	ҳафтоду ду	[haftodu du]
soixante-treize	ҳафтоду се	[haftodu se]
quatre-vingts	ҳаштод	[haʃtod]
quatre-vingt et un	ҳаштоду як	[haʃtodu jak]
quatre-vingt deux	ҳаштоду ду	[haʃtodu du]
quatre-vingt trois	ҳаштоду се	[haʃtodu se]
quatre-vingt-dix	навад	[navad]
quatre-vingt et onze	наваду як	[navadu jak]
quatre-vingt-douze	наваду ду	[navadu du]
quatre-vingt-treize	наваду се	[navadu se]

4. Les nombres cardinaux. Partie 2

cent	сад	[sad]
deux cents	дусад	[dusad]
trois cents	сесад	[sesad]
quatre cents	чорсад, чаҳорсад	[tʃorsad], [tʃahorsad]
cinq cents	панчсад	[pandʒsad]
six cents	шашсад	[ʃaʃsad]
sept cents	ҳафтсад	[haftsad]
huit cents	ҳаштсад	[haʃtsad]
neuf cents	нӯҳсадум	[nœhsadum]
mille	ҳазор	[hazor]
deux mille	ду ҳазор	[du hazor]
trois mille	се ҳазор	[se hazor]
dix mille	даҳ ҳазор	[dah hazor]
cent mille	сад ҳазор	[sad hazor]
million (m)	миллион	[million]
milliard (m)	миллиард	[milliard]

5. Les nombres. Fractions

fraction (f)	каср	[kasr]
un demi	аз ду як хисса	[az du jak hissa]
un tiers	аз се як хисса	[az se jak hissa]
un quart	аз чор як хисса	[az tʃor jak hissa]
un huitième	аз хашт як хисса	[az haʃt jak hissa]
un dixième	аз дах як хисса	[az dah jak hissa]
deux tiers	аз се ду хисса	[az se du hissa]
trois quarts	аз чор се хисса	[az tʃor se hissa]

6. Les nombres. Opérations mathématiques

soustraction (f)	тарх	[tarh]
soustraire (vt)	тарх кардан	[tarh kardan]
division (f)	таксим	[taqsim]
diviser (vt)	таксим кардан	[taqsim kardan]
addition (f)	чамъ кардани	[dʒam' kardani]
additionner (vt)	чамъ кардан	[dʒam' kardan]
ajouter (vt)	чамъ кардан	[dʒam' kardan]
multiplication (f)	зарб, зарбзани̅	[zarb], [zarbzani:]
multiplier (vt)	зарб задан	[zarb zadan]

7. Les nombres. Divers

chiffre (m)	ракам	[raqam]
nombre (m)	адад	[adad]
adjectif (m) numéral	шумора	[ʃumora]
moins (m)	тарх	[tarh]
plus (m)	чамъ	[dʒam']
formule (f)	формула	[formula]
calcul (m)	хисоб кардани	[hisob kardani]
compter (vt)	шумурдан	[ʃumurdan]
calculer (vt)	хисоб кардан	[hisob kardan]
comparer (vt)	мукоиса кардан	[muqoisa kardan]
Combien? (indénombr.)	Чй кадар?	[tʃi: qadar]
Combien? (dénombr.)	Чанд-то?	[tʃand-to]
somme (f)	хосили чамъ	[hosili dʒam']
résultat (m)	натича	[natidʒa]
reste (m)	бакия	[baqija]
quelques …	якчанд	[jaktʃand]
peu de …	чанд	[tʃand]
reste (m)	бокимонда	[boqimonda]
un et demi	якуним	[jakunim]
en deux (adv)	ним	[nim]
en parties égales	баробар	[barobar]

| moitié (f) | нисф | [nisf] |
| fois (f) | бор | [bor] |

8. Les verbes les plus importants. Partie 1

aider (vt)	кумак кардан	[kumak kardan]
aimer (qn)	дӯст доштан	[dœst doʃtan]
aller (à pied)	рафтан	[raftan]
apercevoir (vt)	дида мондан	[dida mondan]
appartenir à ...	таалуқ доштан	[taaluq doʃtan]

appeler (au secours)	чег задан	[dʒeʁ zadan]
attendre (vt)	поидан	[poidan]
attraper (vt)	доштан	[doʃtan]
avertir (vt)	танбеҳ додан	[tanbeh dodan]

avoir (vt)	доштан	[doʃtan]
avoir confiance	бовар кардан	[bovar kardan]
avoir faim	хӯрок хостан	[xœrok xostan]
avoir peur	тарсидан	[tarsidan]
avoir soif	об хостан	[ob xostan]
cacher (vt)	пинҳон кардан	[pinhon kardan]
casser (briser)	шикастан	[ʃikastan]
cesser (vt)	бас кардан	[bas kardan]

changer (vt)	иваз кардан	[ivaz kardan]
chasser (animaux)	шикор кардан	[ʃikor kardan]
chercher (vt)	чустан	[dʒustan]
choisir (vt)	интихоб кардан	[intixob kardan]
commander (~ le menu)	супоридан	[suporidan]
commencer (vt)	сар кардан	[sar kardan]
comparer (vt)	муқоиса кардан	[muqoisa kardan]
comprendre (vt)	фаҳмидан	[fahmidan]
compter (dénombrer)	ҳисоб кардан	[hisob kardan]
compter sur ...	умед бастан	[umed bastan]

confondre (vt)	иштибоҳ кардан	[iʃtiboh kardan]
connaître (qn)	донистан	[donistan]
conseiller (vt)	маслиҳат додан	[maslihat dodan]
continuer (vt)	давомат кардан	[davomat kardan]
contrôler (vt)	назорат кардан	[nazorat kardan]

courir (vi)	давидан	[davidan]
coûter (vt)	арзидан	[arzidan]
créer (vt)	офаридан	[ofaridan]
creuser (vt)	кофтан	[koftan]
crier (vi)	дод задан	[dod zadan]

9. Les verbes les plus importants. Partie 2

| décorer (~ la maison) | оростан | [orostan] |
| défendre (vt) | муҳофиза кардан | [muhofiza kardan] |

déjeuner (vi)	хӯроки пешин хӯрдан	[χœroki peʃin χœrdan]
demander (~ l'heure)	пурсидан	[pursidan]
demander (de faire qch)	пурсидан	[pursidan]
descendre (vi)	фуромадан	[furomadan]
deviner (vt)	ёфтан	[jɔftan]
dîner (vi)	хӯроки шом хӯрдан	[χœroki ʃom χœrdan]
dire (vt)	гуфтан	[guftan]
diriger (~ une usine)	сардорӣ кардан	[sardori: kardan]
discuter (vt)	муҳокима кардан	[muhokima kardan]
donner (vt)	додан	[dodan]
donner un indice	луқма додан	[luqma dodan]
douter (vt)	шак доштан	[ʃak dɔʃtan]
écrire (vt)	навиштан	[naviʃtan]
entendre (bruit, etc.)	шунидан	[ʃunidan]
entrer (vi)	даромадан	[daromadan]
envoyer (vt)	ирсол кардан	[irsol kardan]
espérer (vi)	умед доштан	[umed dɔʃtan]
essayer (vt)	озмоиш кардан	[ozmoiʃ kardan]
être (vi)	будан	[budan]
être d'accord	розигӣ додан	[rozigi: dodan]
être nécessaire	даркор будан	[darkor budan]
être pressé	шитоб кардан	[ʃitob kardan]
étudier (vt)	омӯхтан	[omœχtan]
excuser (vt)	афв кардан	[afv kardan]
exiger (vt)	талаб кардан	[talab kardan]
exister (vi)	зиндагӣ кардан	[zindagi: kardan]
expliquer (vt)	шарҳ додан	[ʃarh dodan]
faire (vt)	кардан	[kardan]
faire tomber	афтондан	[aftondan]
finir (vt)	тамом кардан	[tamom kardan]
garder (conserver)	нигоҳ доштан	[nigoh dɔʃtan]
gronder, réprimander (vt)	дашном додан	[daʃnom dodan]
informer (vt)	ахборот додан	[aχborot dodan]
insister (vi)	сахт истодан	[saχt istodan]
insulter (vt)	таҳқир кардан	[tahqir kardan]
inviter (vt)	даъват кардан	[da'vat kardan]
jouer (s'amuser)	бозӣ кардан	[bozi: kardan]

10. Les verbes les plus importants. Partie 3

libérer (ville, etc.)	озод кардан	[ozod kardan]
lire (vi, vt)	хондан	[χondan]
louer (prendre en location)	ба иҷора гирифтан	[ba idʒora giriftan]
manquer (l'école)	набудан	[nabudan]
menacer (vt)	дӯғ задан	[dœʁ zadan]
mentionner (vt)	гуфта гузаштан	[gufta guzaʃtan]
montrer (vt)	нишон додан	[niʃon dodan]

nager (vi)	шино кардан	[ʃino kardan]
objecter (vt)	зид баромадан	[zid baromadan]
observer (vt)	назорат кардан	[nazorat kardan]

ordonner (mil.)	фармон додан	[farmon dodan]
oublier (vt)	фаромӯш кардан	[faromœʃ kardan]
ouvrir (vt)	кушодан	[kuʃodan]
pardonner (vt)	бахшидан	[baχʃidan]
parler (vi, vt)	гап задан	[gap zadan]

participer à …	иштирок кардан	[iʃtirok kardan]
payer (régler)	пул додан	[pul dodan]
penser (vi, vt)	фикр кардан	[fikr kardan]
permettre (vt)	иҷозат додан	[idʒozat dodan]
plaire (être apprécié)	форидан	[foridan]

plaisanter (vi)	шӯхӣ кардан	[ʃœχi: kardan]
planifier (vt)	нақша кашидан	[naqʃa kaʃidan]
pleurer (vi)	гиря кардан	[girja kardan]
posséder (vt)	соҳиб будан	[sohib budan]
pouvoir (v aux)	тавонистан	[tavonistan]
préférer (vt)	бехтар донистан	[beχtar donistan]

prendre (vt)	гирифтан	[giriftan]
prendre en note	навиштан	[naviʃtan]
prendre le petit déjeuner	ноништа кардан	[noniʃta kardan]
préparer (le dîner)	пухтан	[puχtan]
prévoir (vt)	пешбинӣ кардан	[peʃbini: kardan]

prier (~ Dieu)	намоз хондан	[namoz χondan]
promettre (vt)	ваъда додан	[va'da dodan]
prononcer (vt)	талаффуз кардан	[talaffuz kardan]
proposer (vt)	таклиф кардан	[taklif kardan]
punir (vt)	ҷазо додан	[dʒazo dodan]

11. Les verbes les plus importants. Partie 4

recommander (vt)	маслиҳат додан	[maslihat dodan]
regretter (vt)	таассуф хӯрдан	[taassuf χœrdan]
répéter (dire encore)	такрор кардан	[takror kardan]
répondre (vi, vt)	ҷавоб додан	[dʒavob dodan]
réserver (une chambre)	нигоҳ доштан	[nigoh doʃtan]

rester silencieux	хомӯш будан	[χomœʃ budan]
réunir (regrouper)	якҷоя кардан	[jakdʒoja kardan]
rire (vi)	хандидан	[χandidan]
s'arrêter (vp)	истодан	[istodan]
s'asseoir (vp)	нишастан	[niʃastan]

sauver (la vie à qn)	наҷот додан	[nadʒot dodan]
savoir (qch)	донистан	[donistan]
se baigner (vp)	оббозӣ кардан	[obbozi: kardan]
se plaindre (vp)	шикоят кардан	[ʃikojat kardan]
se refuser (vp)	рад кардан	[rad kardan]

se tromper (vp)	хато кардан	[χato kardan]
se vanter (vp)	худситой кардан	[χudsitoi: kardan]
s'étonner (vp)	ба хайрат афтодан	[ba hajrat aftodan]
s'excuser (vp)	узр пурсидан	[uzr pursidan]
signer (vt)	имзо кардан	[imzo kardan]
signifier (vt)	маъно доштан	[ma'no doʃtan]
s'intéresser (vp)	хавас кардан	[havas kardan]
sortir (aller dehors)	баромадан	[baromadan]
sourire (vi)	табассум кардан	[tabassum kardan]
sous-estimer (vt)	хунукназарӣ кардан	[χunuknazari: kardan]
suivre … (suivez-moi)	рафтан	[raftan]
tirer (vi)	тир задан	[tir zadan]
tomber (vi)	афтодан	[aftodan]
toucher (avec les mains)	даст расондан	[dast rasondan]
tourner (~ à gauche)	гардонидан	[gardonidan]
traduire (vt)	тарчума кардан	[tardʒuma kardan]
travailler (vi)	кор кардан	[kor kardan]
tromper (vt)	фирефтан	[fireftan]
trouver (vt)	ёфтан	[jɔftan]
tuer (vt)	куштан	[kuʃtan]
vendre (vt)	фурӯхтан	[furœχtan]
venir (vi)	расидан	[rasidan]
voir (vt)	дидан	[didan]
voler (avion, oiseau)	паридан	[paridan]
voler (qch à qn)	дуздидан	[duzdidan]
vouloir (vt)	хостан	[χostan]

12. Les couleurs

couleur (f)	ранг	[rang]
teinte (f)	тобиш	[tobiʃ]
ton (m)	тобиш, лавн	[tobiʃ], [lavn]
arc-en-ciel (m)	рангинкамон	[ranginkamon]
blanc (adj)	сафед	[safed]
noir (adj)	сиёх	[sijɔh]
gris (adj)	адкан	[adkan]
vert (adj)	сабз, кабуд	[sabz], [kabud]
jaune (adj)	зард	[zard]
rouge (adj)	сурх, арғувонӣ	[surχ], [arʁuvoni:]
bleu (adj)	кабуд	[kabud]
bleu clair (adj)	осмонӣ	[osmoni:]
rose (adj)	гулобӣ	[gulobi:]
orange (adj)	норанчӣ	[norandʒi:]
violet (adj)	бунафш	[bunafʃ]
brun (adj)	қахвагӣ	[qahvagi:]
d'or (adj)	тиллоранг	[tillorang]
argenté (adj)	нуқрафом	[nuqrafom]

beige (adj)	каҳваранг	[kahvarang]
crème (adj)	зардтоб	[zardtob]
turquoise (adj)	фирӯзаранг	[firœzarang]
rouge cerise (adj)	олуболугӣ	[olubolugi:]
lilas (adj)	бунафш, нофармон	[bunaʃʃ], [nofarmon]
framboise (adj)	сурхи сиеҳтоб	[surχi siehtob]
clair (adj)	кушод	[kuʃod]
foncé (adj)	торик	[torik]
vif (adj)	тоза	[toza]
de couleur (adj)	ранга	[ranga]
en couleurs (adj)	ранга	[ranga]
noir et blanc (adj)	сиёҳу сафед	[sijohu safed]
unicolore (adj)	якранга	[jakranga]
multicolore (adj)	рангоранг	[rangorang]

13. Les questions

Qui?	Кӣ?	[ki:]
Quoi?	Чӣ?	[tʃi:]
Où? (~ es-tu?)	Дар кучо?	[dar kudʒo]
Où? (~ vas-tu?)	Кучо?	[kudʒo]
D'où?	Аз кучо?	[az kudʒo]
Quand?	Кай?	[kaj]
Pourquoi? (~ es-tu venu?)	Барои чӣ?	[baroi tʃi:]
Pourquoi? (~ t'es pâle?)	Барои чӣ?	[baroi tʃi:]
À quoi bon?	Барои чӣ?	[baroi tʃi:]
Comment?	Чӣ хел?	[tʃi: χel]
Quel? (à ~ prix?)	Кадом?	[kadom]
Lequel?	Чанд? Чандум?	[tʃand tʃandum]
À qui? (pour qui?)	Ба кӣ?	[ba ki:]
De qui?	Дар бораи кӣ?	[dar borai ki:]
De quoi?	Дар бораи чӣ?	[dar borai tʃi:]
Avec qui?	Бо кӣ?	[bo ki:]
Combien? (dénombr.)	Чанд-то?	[tʃand-to]
Combien? (indénombr.)	Чӣ қадар?	[tʃi: qadar]
À qui?	Аз они кӣ?	[az oni ki:]

14. Les mots-outils. Les adverbes. Partie 1

Où? (~ es-tu?)	Дар кучо?	[dar kudʒo]
ici (c'est ~)	ин чо	[in dʒo]
là-bas (c'est ~)	он чо	[on dʒo]
quelque part (être)	дар кучое	[dar kudʒoe]
nulle part (adv)	дар ҳеҷ чо	[dar hedʒ dʒo]
près de ...	дар назди ...	[dar nazdi]
près de la fenêtre	дар назди тиреза	[dar nazdi tireza]

Où? (~ vas-tu?)	Кучо?	[kudʒo]
ici (Venez ~)	ин чо	[in tʃo]
là-bas (j'irai ~)	ба он чо	[ba on dʒo]
d'ici (adv)	аз ин чо	[az in dʒo]
de là-bas (adv)	аз он чо	[az on dʒo]
près (pas loin)	наздик	[nazdik]
loin (adv)	дур	[dur]
près de (~ Paris)	дар бари	[dar bari]
tout près (adv)	бисёр наздик	[bisjor nazdik]
pas loin (adv)	наздик	[nazdik]
gauche (adj)	чап	[tʃap]
à gauche (être ~)	аз чап	[az tʃap]
à gauche (tournez ~)	ба тарафи чап	[ba tarafi tʃap]
droit (adj)	рост	[rost]
à droite (être ~)	аз рост	[az rost]
à droite (tournez ~)	ба тарафи рост	[ba tarafi rost]
devant (adv)	аз пеш	[az peʃ]
de devant (adj)	пешин	[peʃin]
en avant (adv)	ба пеш	[ba peʃ]
derrière (adv)	дар қафои	[dar qafoi]
par derrière (adv)	аз қафо	[az qafo]
en arrière (regarder ~)	ақиб	[aqib]
milieu (m)	миёна	[mijona]
au milieu (adv)	дар миёна	[dar mijona]
de côté (vue ~)	аз паҳлу	[az pahlu]
partout (adv)	дар ҳар чо	[dar har dʒo]
autour (adv)	гирду атроф	[girdu atrof]
de l'intérieur	аз дарун	[az darun]
quelque part (aller)	ба ким-кучо	[ba kim-kudʒo]
tout droit (adv)	миёнбур карда	[mijonbur karda]
en arrière (revenir ~)	ба ақиб	[ba aqib]
de quelque part (n'import d'où)	аз ягон чо	[az jagon dʒo]
de quelque part (on ne sait pas d'où)	аз як чо	[az jak dʒo]
premièrement (adv)	аввалан	[avvalan]
deuxièmement (adv)	дуюм	[dujum]
troisièmement (adv)	сеюм	[sejum]
soudain (adv)	ногоҳ, баногоҳ	[nogoh], [banogoh]
au début (adv)	дар аввал	[dar avval]
pour la première fois	якумин	[jakumin]
bien avant …	хеле пеш	[xele peʃ]
de nouveau (adv)	аз нав	[az nav]
pour toujours (adv)	тамоман	[tamoman]

jamais (adv)	хеҷ гоҳ	[heʤ goh]
de nouveau, encore (adv)	боз, аз дигар	[boz], [az digar]
maintenant (adv)	акнун	[aknun]
souvent (adv)	тез-тез	[tez-tez]
alors (adv)	он вақт	[on vaqt]
d'urgence (adv)	зуд, фавран	[zud], [favran]
d'habitude (adv)	одатан	[odatan]
à propos, …	воқеан	[voqean]
c'est possible	шояд	[ʃojad]
probablement (adv)	эҳтимол	[ɛhtimol]
peut-être (adv)	эҳтимол, шояд	[ɛhtimol], [ʃojad]
en plus, …	ғайр аз он	[ʁajr az on]
c'est pourquoi …	бинобар ин	[binobar in]
malgré …	ба ин нигоҳ накарда	[ba in nigoh nakarda]
grâce à …	ба туфайли …	[ba tufajli]
quoi (pron)	чӣ	[ʧiː]
que (conj)	ки	[ki]
quelque chose (Il m'est arrivé ~)	чизе	[ʧize]
quelque chose (peut-on faire ~)	ягон чиз	[jagon ʧiz]
rien (m)	хеҷ чиз	[heʤ ʧiz]
qui (pron)	кӣ	[kiː]
quelqu'un (on ne sait pas qui)	ким-кӣ	[kim-kiː]
quelqu'un (n'importe qui)	касе	[kase]
personne (pron)	хеҷ кас	[heʤ kas]
nulle part (aller ~)	ба хеҷ кучо	[ba heʤ kuʤo]
de personne	бесоҳиб	[besohib]
de n'importe qui	аз они касе	[az oni kase]
comme ça (adv)	чунон	[ʧunon]
également (adv)	ҳам	[ham]
aussi (adv)	низ, ҳам	[niz], [ham]

15. Les mots-outils. Les adverbes. Partie 2

Pourquoi?	Барои чӣ?	[baroi ʧiː]
pour une certaine raison	бо ким-кадом сабаб	[bo kim-kadom sabab]
parce que …	зеро ки	[zero ki]
pour une raison quelconque	барои чизе	[baroi ʧize]
et (conj)	ва, … у, … ю	[va], [u], [ju]
ou (conj)	ё	[jo]
mais (conj)	аммо, лекин	[ammo], [lekin]
pour … (prep)	барои	[baroi]
trop (adv)	аз меъёр зиёд	[az meʼjɔr zijod]
seulement (adv)	фақат	[faqat]
précisément (adv)	айнан	[ajnan]
près de … (prep)	тақрибан	[taqriban]

approximativement	тақрибан	[taqriban]
approximatif (adj)	тақрибй	[taqribi:]
presque (adv)	қариб	[qarib]
reste (m)	боқимонда	[boqimonda]
l'autre (adj)	дигар	[digar]
autre (adj)	дигар	[digar]
chaque (adj)	ҳар	[har]
n'importe quel (adj)	ҳар	[har]
beaucoup (adv)	бисёр, хеле	[bisjɔr], [xele]
plusieurs (pron)	бисёриҳо	[bisjɔriho]
tous	ҳама	[hama]
en échange de …	ба ивази	[ba ivazi]
en échange (adv)	ба ивазаш	[ba ivazaʃ]
à la main (adv)	дастй	[dasti:]
peu probable (adj)	ба гумон	[ba gumon]
probablement (adv)	эҳтимол, шояд	[ɛhtimol], [ʃojad]
exprès (adv)	барқасд	[barqasd]
par accident (adv)	тасодуфан	[tasodufan]
très (adv)	хеле	[xele]
par exemple (adv)	масалан, чунончи	[masalan], [tʃunontʃi]
entre (prep)	дар байни	[dar bajni]
parmi (prep)	дар байни …	[dar bajni]
autant (adv)	ин қадар	[in qadar]
surtout (adv)	хусусан	[xususan]

Concepts de base. Partie 2

16. Les jours de la semaine

lundi (m)	душанбе	[duʃanbe]
mardi (m)	сешанбе	[seʃanbe]
mercredi (m)	чоршанбе	[ʧorʃanbe]
jeudi (m)	панҷшанбе	[panʤʃanbe]
vendredi (m)	ҷумъа	[ʤum'a]
samedi (m)	шанбе	[ʃanbe]
dimanche (m)	якшанбе	[jakʃanbe]
aujourd'hui (adv)	имрӯз	[imrœz]
demain (adv)	пагоҳ, фардо	[pagoh], [fardo]
après-demain (adv)	пасфардо	[pasfardo]
hier (adv)	дирӯз, дина	[dirœz], [dina]
avant-hier (adv)	парирӯз	[parirœz]
jour (m)	рӯз	[rœz]
jour (m) ouvrable	рӯзи кор	[rœzi kor]
jour (m) férié	рӯзи ид	[rœzi id]
jour (m) de repos	рӯзи истироҳат	[rœzi istirohat]
week-end (m)	рӯзҳои истироҳат	[rœzhoi istirohat]
toute la journée	тамоми рӯз	[tamomi rœz]
le lendemain	рӯзи дигар	[rœzi digar]
il y a 2 jours	ду рӯз пеш	[du rœz peʃ]
la veille	як рӯз пеш	[jak rœz peʃ]
quotidien (adj)	ҳаррӯза	[harrœza]
tous les jours	ҳар рӯз	[har rœz]
semaine (f)	ҳафта	[hafta]
la semaine dernière	ҳафтаи гузашта	[haftai guzaʃta]
la semaine prochaine	ҳафтаи оянда	[haftai ojanda]
hebdomadaire (adj)	ҳафтаина	[haftaina]
chaque semaine	ҳар ҳафта	[har hafta]
2 fois par semaine	ҳафтае ду маротиба	[haftae du marotiba]
tous les mardis	ҳар сешанбе	[har seʃanbe]

17. Les heures. Le jour et la nuit

matin (m)	пагоҳӣ	[pagohi:]
le matin	пагоҳирӯзӣ	[pagohirœzi:]
midi (m)	нисфи рӯз	[nisfi rœz]
dans l'après-midi	баъди пешин	[ba'di peʃin]
soir (m)	бегоҳ, бегоҳирӯз	[begoh], [begohirœz]
le soir	бегоҳӣ, бегоҳирӯзӣ	[begohi:], [begohirœzi:]

nuit (f)	шаб	[ʃab]
la nuit	шабона	[ʃabona]
minuit (f)	нисфи шаб	[nisfi ʃab]
seconde (f)	сония	[sonija]
minute (f)	дақиқа	[daqiqa]
heure (f)	соат	[soat]
demi-heure (f)	нимсоат	[nimsoat]
un quart d'heure	чоряки соат	[tʃorjaki soat]
quinze minutes	понздаҳ дақиқа	[ponzdah daqiqa]
vingt-quatre heures	шабонарӯз	[ʃabonarœz]
lever (m) du soleil	тулӯъ	[tulœ']
aube (f)	субҳидам	[subhidam]
point (m) du jour	субҳи барвақт	[subhi barvaqt]
coucher (m) du soleil	ғуруби офтоб	[ʁurubi oftob]
tôt le matin	субҳи барвақт	[subhi barvaqt]
ce matin	имрӯз пагоҳӣ	[imrœz pagohi:]
demain matin	пагоҳ саҳарӣ	[pagoh sahari:]
cet après-midi	имрӯз	[imrœz]
dans l'après-midi	баъди пешин	[ba'di peʃin]
demain après-midi	пагоҳ баъди пешин	[pagoh ba'di peʃin]
ce soir	ҳамин бегоҳ	[hamin begoh]
demain soir	фардо бегоҳӣ	[fardo begohi:]
à 3 heures précises	расо соати се	[raso soati se]
autour de 4 heures	наздикии соати чор	[nazdiki:i soati tʃor]
vers midi	соатҳои дувоздаҳ	[soathoi duvozdah]
dans 20 minutes	баъд аз бист дақиқа	[ba'd az bist daqiqa]
dans une heure	баъд аз як соат	[ba'd az jak soat]
à temps	дар вақташ	[dar vaqtaʃ]
… moins le quart	понздаҳто кам	[ponzdahto kam]
en une heure	дар давоми як соат	[dar davomi jak soat]
tous les quarts d'heure	ҳар понздаҳ дақиқа	[har ponzdah daqiqa]
24 heures sur 24	шабу рӯз	[ʃabu rœz]

18. Les mois. Les saisons

janvier (m)	январ	[janvar]
février (m)	феврал	[fevral]
mars (m)	март	[mart]
avril (m)	апрел	[aprel]
mai (m)	май	[maj]
juin (m)	июн	[ijun]
juillet (m)	июл	[ijul]
août (m)	август	[avgust]
septembre (m)	сентябр	[sentjabr]
octobre (m)	октябр	[oktjabr]
novembre (m)	ноябр	[nojabr]
décembre (m)	декабр	[dekabr]

printemps (m)	баҳор, баҳорон	[bahor], [bahoron]
au printemps	дар фасли баҳор	[dar fasli bahor]
de printemps (adj)	баҳорӣ	[bahori:]
été (m)	тобистон	[tobiston]
en été	дар тобистон	[dar tobiston]
d'été (adj)	тобистона	[tobistona]
automne (m)	тирамоҳ	[tiramoh]
en automne	дар тирамоҳ	[dar tiramoh]
d'automne (adj)	… и тирамоҳ	[i tiramoh]
hiver (m)	зимистон	[zimiston]
en hiver	дар зимистон	[dar zimiston]
d'hiver (adj)	зимистонӣ, … и зимистон	[zimistoni:], [i zimiston]
mois (m)	моҳ	[moh]
ce mois	ҳамин моҳ	[hamin moh]
le mois prochain	дар моҳи оянда	[dar mohi ojanda]
le mois dernier	дар моҳи гузашта	[dar mohi guzaʃta]
il y a un mois	як моҳ пеш	[jak moh peʃ]
dans un mois	баъд аз як моҳ	[ba'd az jak moh]
dans 2 mois	баъд аз ду моҳ	[ba'd az du moh]
tout le mois	тамоми моҳ	[tamomi moh]
tout un mois	тамоми моҳ	[tamomi moh]
mensuel (adj)	ҳармоҳа	[harmoha]
mensuellement	ҳар моҳ	[har moh]
chaque mois	ҳар моҳ	[har moh]
2 fois par mois	ду маротиба дар як моҳ	[du marotiba dar jak moh]
année (f)	сол	[sol]
cette année	ҳамин сол	[hamin sol]
l'année prochaine	соли оянда	[soli ojanda]
l'année dernière	соли гузашта	[soli guzaʃta]
il y a un an	як сол пеш	[jak sol peʃ]
dans un an	баъд аз як сол	[ba'd az jak sol]
dans 2 ans	баъд аз ду сол	[ba'd az du sol]
toute l'année	тамоми сол	[tamomi sol]
toute une année	як соли пурра	[jak soli purra]
chaque année	ҳар сол	[har sol]
annuel (adj)	ҳарсола	[harsola]
annuellement	ҳар сол	[har sol]
4 fois par an	чор маротиба дар як сол	[tʃor marotiba dar jak sol]
date (f) (jour du mois)	таърих, рӯз	[ta'rix], [rœz]
date (f) (~ mémorable)	сана	[sana]
calendrier (m)	тақвим, солнома	[taqvim], [solnoma]
six mois	ним сол	[nim sol]
semestre (m)	нимсола	[nimsola]
saison (f)	фасл	[fasl]
siècle (m)	аср	[asr]

19. La notion de temps. Divers

temps (m)	вақт	[vaqt]
moment (m)	лаҳза, дам	[lahza], [dam]
instant (m)	лаҳза	[lahza]
instantané (adj)	яклаҳзай	[jaklahzai:]
laps (m) de temps	муддати муайян	[muddati muajjan]
vie (f)	ҳаёт	[hajɔt]
éternité (f)	абад, абадият	[abad], [abadijat]
époque (f)	давр, давра	[davr], [davra]
ère (f)	эра, давра	[ɛra], [davra]
cycle (m)	доира	[doira]
période (f)	давр	[davr]
délai (m)	муддат	[muddat]
avenir (m)	оянда	[ojanda]
prochain (adj)	оянда	[ojanda]
la fois prochaine	бори дигар	[bori digar]
passé (m)	гузашта	[guzaʃta]
passé (adj)	гузашта	[guzaʃta]
la fois passée	бори гузашта	[bori guzaʃta]
plus tard (adv)	баъдтар	[ba'dtar]
après (prep)	баъди	[ba'di]
à présent (adv)	ҳамин замон	[hamin zamon]
maintenant (adv)	ҳозир	[hozir]
immédiatement	фавран	[favran]
bientôt (adv)	ба зудӣ … мешавад	[ba zudi: meʃavad]
d'avance (adv)	пешакӣ	[peʃaki:]
il y a longtemps	кайҳо	[kajho]
récemment (adv)	ба наздикӣ	[ba nazdiki:]
destin (m)	тақдир	[taqdir]
souvenirs (m pl)	хотира	[χotira]
archives (f pl)	архив	[arχiv]
pendant … (prep)	дар вақти …	[dar vaqti]
longtemps (adv)	дуру дароз	[duru daroz]
pas longtemps (adv)	кӯтоҳ	[kœtoh]
tôt (adv)	барвақт	[barvaqt]
tard (adv)	дер	[der]
pour toujours (adv)	ҳамешагӣ	[hameʃagi:]
commencer (vt)	сар кардан	[sar kardan]
reporter (retarder)	ба вақти дигар мондан	[ba vaqti digar mondan]
en même temps (adv)	дар як вақт	[dar jak vaqt]
en permanence (adv)	доимо, ҳамеша	[doimo], [hameʃa]
constant (bruit, etc.)	доимӣ, ҳамешагӣ	[doimi:], [hameʃagi:]
temporaire (adj)	муваққатӣ	[muvaqqati:]
parfois (adv)	баъзан	[ba'zan]
rarement (adv)	кам, аҳёнан	[kam], [ahjɔnan]
souvent (adv)	тез-тез	[tez-tez]

20. Les contraires

riche (adj)	бой, давлатманд	[boj], [davlatmand]
pauvre (adj)	камбағал	[kambaʁal]
malade (adj)	касал, бемор	[kasal], [bemor]
en bonne santé	тандуруст	[tandurust]
grand (adj)	калон, бузург	[kalon], [buzurg]
petit (adj)	хурд	[xurd]
vite (adv)	босуръат	[bosur'at]
lentement (adv)	оҳиста	[ohista]
rapide (adj)	босуръат	[bosur'at]
lent (adj)	оҳиста	[ohista]
joyeux (adj)	хушхол	[xuʃhol]
triste (adj)	ғамгинона	[ʁamginona]
ensemble (adv)	дар як чо	[dar jak dʒo]
séparément (adv)	алоҳида	[alohida]
à haute voix	бо овози баланд	[bo ovozi baland]
en silence	ба дили худ	[ba dili xud]
haut (adj)	баланд	[baland]
bas (adj)	паст	[past]
profond (adj)	чуқур	[tʃuqur]
peu profond (adj)	пастоб	[pastob]
oui (adv)	ҳа	[ha]
non (adv)	не	[ne]
lointain (adj)	дур	[dur]
proche (adj)	наздик	[nazdik]
loin (adv)	дур	[dur]
près (adv)	бисёр наздик	[bisjor nazdik]
long (adj)	дароз, дур	[daroz], [dur]
court (adj)	кӯтоҳ	[kœtoh]
bon (au bon cœur)	нек	[nek]
méchant (adj)	бад	[bad]
marié (adj)	зандор	[zandor]
célibataire (adj)	мучаррад	[mudʒarrad]
interdire (vt)	манъ кардан	[man' kardan]
permettre (vt)	ичозат додан	[idʒozat dodan]
fin (f)	охир	[oxir]
début (m)	сар	[sar]

| gauche (adj) | чап | [ʧap] |
| droit (adj) | рост | [rost] |

| premier (adj) | якум | [jakum] |
| dernier (adj) | охирин | [oχirin] |

| crime (m) | чиноят | [ʤinojat] |
| punition (f) | ҷазо | [ʤazo] |

| ordonner (vt) | фармон додан | [farmon dodan] |
| obéir (vt) | зердаст шудан | [zerdast ʃudan] |

| droit (adj) | рост | [rost] |
| courbé (adj) | каҷ | [kaʤ] |

| paradis (m) | биҳишт | [bihiʃt] |
| enfer (m) | дӯзах, ҷаҳаннам | [dœzaχ], [ʤahannam] |

| naître (vi) | таваллуд шудан | [tavallud ʃudan] |
| mourir (vi) | мурдан | [murdan] |

| fort (adj) | зӯр | [zœr] |
| faible (adj) | заиф | [zaif] |

| vieux (adj) | пир | [pir] |
| jeune (adj) | ҷавон | [ʤavon] |

| vieux (adj) | кӯҳна | [kœhna] |
| neuf (adj) | нав | [nav] |

| dur (adj) | сахт | [saχt] |
| mou (adj) | нарм, мулоим | [narm], [muloim] |

| chaud (tiède) | гарм | [garm] |
| froid (adj) | хунук | [χunuk] |

| gros (adj) | фарбеҳ | [farbeh] |
| maigre (adj) | лоғар | [loʁar] |

| étroit (adj) | танг | [tang] |
| large (adj) | васеъ | [vase'] |

| bon (adj) | хуб | [χub] |
| mauvais (adj) | бад | [bad] |

| vaillant (adj) | нотарс | [notars] |
| peureux (adj) | тарсончак | [tarsonʧak] |

21. Les lignes et les formes

carré (m)	квадрат, мураббаъ	[kvadrat], [murabba']
carré (adj)	… и квадрат	[i kvadrat]
cercle (m)	давра	[davra]
rond (adj)	даврашакл	[davraʃakl]

| triangle (m) | сегӯша, секунҷа | [segœ∫a], [sekundʒa] |
| triangulaire (adj) | сегӯша, секунҷа | [segœ∫a], [sekundʒa] |

ovale (m)	байзй	[bajzi:]
ovale (adj)	байзй	[bajzi:]
rectangle (m)	росткунҷа	[rostkundʒa]
rectangulaire (adj)	росткунҷа	[rostkundʒa]

pyramide (f)	пирамида	[piramida]
losange (m)	ромб	[romb]
trapèze (m)	трапетсия	[trapetsija]
cube (m)	мукааб	[mukaab]
prisme (m)	призма	[prizma]

circonférence (f)	давра	[davra]
sphère (f)	кура	[kura]
globe (m)	кура	[kura]

diamètre (m)	диаметр, қутр	[diametr], [qutr]
rayon (m)	радиус	[radius]
périmètre (m)	периметр	[perimetr]
centre (m)	марказ	[markaz]

horizontal (adj)	уфуқй	[ufuqi:]
vertical (adj)	амуди, шоқулй	[amudi], [∫oquli:]
parallèle (f)	параллел	[parallel]
parallèle (adj)	мувозй	[muvozi:]

ligne (f)	хат	[χat]
trait (m)	хат, рах	[χat], [raχ]
ligne (f) droite	хати рост	[χati rost]
courbe (f)	хати каҷ	[χati kadʒ]
fin (une ~ ligne)	борик	[borik]
contour (m)	контур, суроб	[kontur], [surob]

intersection (f)	бурида гузаштан	[burida guza∫tan]
angle (m) droit	кунҷи рост	[kundʒi rost]
segment (m)	сегмент	[segment]
secteur (m)	сектор	[sektor]
côté (m)	пахлу	[paχlu]
angle (m)	кунҷ	[kundʒ]

22. Les unités de mesure

poids (m)	вазн	[vazn]
longueur (f)	дарозй	[darozi:]
largeur (f)	арз	[arz]
hauteur (f)	баландй	[balandi:]
profondeur (f)	чукурй	[t∫uquri:]
volume (m)	ҳаҷм	[hadʒm]
aire (f)	масоҳат	[masohat]

| gramme (m) | грам | [gram] |
| milligramme (m) | миллиграмм | [milligramm] |

kilogramme (m)	килограмм	[kilogramm]
tonne (f)	тонна	[tonna]
livre (f)	қадоқ	[qadoq]
once (f)	вақия	[vaqija]
mètre (m)	метр	[metr]
millimètre (m)	миллиметр	[millimetr]
centimètre (m)	сантиметр	[santimetr]
kilomètre (m)	километр	[kilometr]
mille (m)	мил	[mil]
pied (m)	фут	[fut]
yard (m)	ярд	[jard]
mètre (m) carré	метри квадратӣ	[metri kvadrati:]
hectare (m)	гектар	[gektar]
litre (m)	литр	[litr]
degré (m)	дараҷа	[daradʒa]
volt (m)	волт	[volt]
ampère (m)	ампер	[amper]
cheval-vapeur (m)	қувваи асп	[quvvai asp]
quantité (f)	миқдор	[miqdor]
un peu de …	камтар	[kamtar]
moitié (f)	нисф	[nisf]
pièce (f)	дона	[dona]
dimension (f)	ҳаҷм	[hadʒm]
échelle (f) (de la carte)	масштаб	[masʃtab]
minimal (adj)	камтарин	[kamtarin]
le plus petit (adj)	хурдтарин	[xurdtarin]
moyen (adj)	миёна	[mijona]
maximal (adj)	ниҳоят калон	[nihojat kalon]
le plus grand (adj)	калонтарин	[kalontarin]

23. Les récipients

bocal (m) en verre	банкаи шишагӣ	[bankai ʃiʃagi:]
boîte, canette (f)	банкаи тунукагӣ	[bankai tunukagi:]
seau (m)	сатил	[satil]
tonneau (m)	бочка, чалак	[botʃka], [tʃalak]
bassine, cuvette (f)	тағора	[taʁora]
cuve (f)	бак, чалак	[bak], [tʃalak]
flasque (f)	обдон	[obdon]
jerrican (m)	канистра	[kanistra]
citerne (f)	систерна	[sisterna]
tasse (f), mug (m)	кружка, дӯлча	[kruʒka], [dœltʃa]
tasse (f)	косача	[kosatʃa]
soucoupe (f)	тақсимӣ, тақсимича	[taqsimi:], [taqsimitʃa]
verre (m) (~ d'eau)	стакан	[stakan]

| verre (m) à vin | бокал | [bokal] |
| faitout (m) | дегча | [degtʃa] |

| bouteille (f) | шиша, сурохй | [ʃiʃa], [surohi:] |
| goulot (m) | даҳани шиша | [dahani ʃiʃa] |

carafe (f)	сурохй	[surohi:]
pichet (m)	кӯза	[kœza]
récipient (m)	зарф	[zarf]
pot (m)	хурмача	[xurmatʃa]
vase (m)	гулдон	[guldon]

flacon (m)	шиша	[ʃiʃa]
fiole (f)	хубобча	[hubobtʃa]
tube (m)	лӯлача	[lœlatʃa]

sac (m) (grand ~)	халта	[xalta]
sac (m) (~ en plastique)	халта	[xalta]
paquet (m) (~ de cigarettes)	қуттй	[qutti:]

boîte (f)	қуттй	[qutti:]
caisse (f)	қуттй	[qutti:]
panier (m)	сабад	[sabad]

24. Les matériaux

matériau (m)	материал, масолеҳ	[material], [masoleh]
bois (m)	дарахт	[daraxt]
en bois (adj)	чӯбин	[tʃœbin]

| verre (m) | шиша | [ʃiʃa] |
| en verre (adj) | шишагй | [ʃiʃagi:] |

| pierre (f) | санг | [sang] |
| en pierre (adj) | сангин | [sangin] |

| plastique (m) | плассмас | [plassmas] |
| en plastique (adj) | плассмасй | [plassmasi:] |

| caoutchouc (m) | резин | [rezin] |
| en caoutchouc (adj) | резинй | [rezini:] |

| tissu (m) | матоъ | [mato'] |
| en tissu (adj) | аз матоъ | [az mato'] |

| papier (m) | қоғаз | [qoʁaz] |
| de papier (adj) | қоғазй | [qoʁazi:] |

| carton (m) | картон | [karton] |
| en carton (adj) | картони, … и картон | [kartoni], [i karton] |

polyéthylène (m)	полуэтилен	[poluɛtilen]
cellophane (f)	селлофан	[sellofan]
linoléum (m)	линолеум	[linoleum]

contreplaqué (m)	фанер	[faner]
porcelaine (f)	фахфур	[faχfur]
de porcelaine (adj)	фахфурӣ	[faχfuri:]
argile (f)	гил	[gil]
de terre cuite (adj)	гилӣ, сафолӣ	[gili:], [safoli:]
céramique (f)	сафолот	[safolot]
en céramique (adj)	сафолӣ, ... и сафол	[safoli:], [i safol]

25. Les métaux

métal (m)	металл, фулуз	[metall], [fuluz]
métallique (adj)	металлӣ, ... и металл	[metalli:], [i metall]
alliage (m)	хӯла	[χœla]

or (m)	зар, тилло	[zar], [tillo]
en or (adj)	... и тилло	[i tillo]
argent (m)	нуқра	[nuqra]
en argent (adj)	нуқрагин	[nuqragin]

fer (m)	оҳан	[ohan]
en fer (adj)	оҳанин, ... и оҳан	[ohanin], [i ohan]
acier (m)	пӯлод	[pœlod]
en acier (adj)	пӯлодин	[pœlodin]
cuivre (m)	мис	[mis]
en cuivre (adj)	мисин	[misin]

aluminium (m)	алюминий	[aljuminij]
en aluminium (adj)	алюминӣ	[aljumini:]
bronze (m)	биринҷӣ, хӯла	[birinʤi:], [χœla]
en bronze (adj)	биринҷӣ, хӯлагӣ	[birinʤi:], [χœlagi:]

laiton (m)	латун, биринҷӣ	[latun], [birinʤi:]
nickel (m)	никел	[nikel]
platine (f)	платина	[platina]
mercure (m)	симоб	[simob]
étain (m)	қалъагӣ	[qal'agi:]
plomb (m)	сурб	[surb]
zinc (m)	руҳ	[ruh]

L'HOMME

L'homme. Le corps humain

26. L'homme. Notions fondamentales

être (m) humain	одам, инсон	[odam], [inson]
homme (m)	мард	[mard]
femme (f)	зан, занак	[zan], [zanak]
enfant (m, f)	кӯдак	[kœdak]
fille (f)	духтарча, духтарак	[duχtartʃa], [duχtarak]
garçon (m)	писарбача	[pisarbatʃa]
adolescent (m)	наврас	[navras]
vieillard (m)	пир	[pir]
vieille femme (f)	пиразан	[pirazan]

27. L'anatomie humaine

organisme (m)	организм	[organizm]
cœur (m)	дил	[dil]
sang (m)	хун	[χun]
artère (f)	раг	[rag]
veine (f)	раги варид	[ragi varid]
cerveau (m)	мағз	[maʁz]
nerf (m)	асаб	[asab]
nerfs (m pl)	асабхо	[asabχo]
vertèbre (f)	мӯхра	[mœhra]
colonne (f) vertébrale	сутунмӯхра	[sutunmœhra]
estomac (m)	меъда	[me'da]
intestins (m pl)	рӯдахо	[rœdaho]
intestin (m)	рӯда	[rœda]
foie (m)	чигар	[dʒigar]
rein (m)	гурда	[gurda]
os (m)	устухон	[ustuχon]
squelette (f)	устухонбандӣ	[ustuχonbandi:]
côte (f)	кабурға	[kaburʁa]
crâne (m)	косаи сар	[kosai sar]
muscle (m)	мушак	[muʃak]
biceps (m)	битсепс	[bitseps]
triceps (m)	тритсепс	[tritseps]
tendon (m)	пай	[paj]
articulation (f)	банду буғум	[bandu buʁum]

35

poumons (m pl)	шуш	[ʃuʃ]
organes (m pl) génitaux	узвҳои таносул	[uzvhoi tanosul]
peau (f)	пӯст	[pœst]

28. La tête

tête (f)	сар	[sar]
visage (m)	рӯй	[rœj]
nez (m)	бинӣ	[bini:]
bouche (f)	даҳон	[dahon]
œil (m)	чашм, дида	[tʃaʃm], [dida]
les yeux	чашмон	[tʃaʃmon]
pupille (f)	гавҳараки чашм	[gavharaki tʃaʃm]
sourcil (m)	абрӯ, қош	[abrœ], [qoʃ]
cil (m)	мижа	[miʒa]
paupière (f)	пилкҳои чашм	[pilkhoi tʃaʃm]
langue (f)	забон	[zabon]
dent (f)	дандон	[dandon]
lèvres (f pl)	лабҳо	[labho]
pommettes (f pl)	устухони рухсора	[ustuχoni ruχsora]
gencive (f)	зираи дандон	[zirai dandon]
palais (m)	ком	[kom]
narines (f pl)	сурохии бинӣ	[suroχi:i bini:]
menton (m)	манаҳ	[manah]
mâchoire (f)	ҷоғ	[dʒoʁ]
joue (f)	рухсор	[ruχsor]
front (m)	пешона	[peʃona]
tempe (f)	чакка	[tʃakka]
oreille (f)	гӯш	[gœʃ]
nuque (f)	пушти сар	[puʃti sar]
cou (m)	гардан	[gardan]
gorge (f)	гулӯ	[gulœ]
cheveux (m pl)	мӯйи сар	[mœji sar]
coiffure (f)	ороиши мӯйсар	[oroiʃi mœjsar]
coupe (f)	ороиши мӯйсар	[oroiʃi mœjsar]
perruque (f)	мӯи ориятӣ	[mœi orijati:]
moustache (f)	муйлаб, бурут	[mujlab], [burut]
barbe (f)	риш	[riʃ]
porter (~ la barbe)	мондан, доштан	[mondan], [doʃtan]
tresse (f)	кокул	[kokul]
favoris (m pl)	риши бари рӯй	[riʃi bari rœj]
roux (adj)	сурхмуй	[surχmuj]
gris, grisonnant (adj)	сафед	[safed]
chauve (adj)	одамсар	[odamsar]
calvitie (f)	тосии сар	[tosi:i sar]
queue (f) de cheval	думча	[dumtʃa]
frange (f)	пича	[pitʃa]

29. Le corps humain

main (f)	панчаи даст	[pandʒai dast]
bras (m)	даст	[dast]
doigt (m)	ангушт	[anguʃt]
orteil (m)	чилик, ангушт	[tʃilik], [anguʃt]
pouce (m)	нарангушт	[naranguʃt]
petit doigt (m)	ангушти хурд	[anguʃti xurd]
ongle (m)	нохун	[noxun]
poing (m)	кулак, мушт	[kulak], [muʃt]
paume (f)	каф	[kaf]
poignet (m)	банди даст	[bandi dast]
avant-bras (m)	бозу	[bozu]
coude (m)	оринч	[orindʒ]
épaule (f)	китф	[kitʃ]
jambe (f)	по	[po]
pied (m)	панчаи пой	[pandʒai poj]
genou (m)	зону	[zonu]
mollet (m)	соқи по	[soqi po]
hanche (f)	миён	[mijɔn]
talon (m)	пошна	[poʃna]
corps (m)	бадан	[badan]
ventre (m)	шикам	[ʃikam]
poitrine (f)	сина	[sina]
sein (m)	сина, пистон	[sina], [piston]
côté (m)	пахлу	[pahlu]
dos (m)	пушт	[puʃt]
reins (région lombaire)	камаргох	[kamargoh]
taille (f) (~ de guêpe)	миён	[mijɔn]
nombril (m)	ноф	[nof]
fesses (f pl)	сурин	[surin]
derrière (m)	сурин	[surin]
grain (m) de beauté	хол	[xol]
tache (f) de vin	хол	[xol]
tatouage (m)	вашм	[vaʃm]
cicatrice (f)	доғи захм	[doʁi zaxm]

Les vêtements & les accessoires

30. Les vêtements d'extérieur

vêtement (m)	либос	[libos]
survêtement (m)	либоси боло	[libosi bolo]
vêtement (m) d'hiver	либоси зимистонӣ	[libosi zimistoni:]
manteau (m)	палто	[palto]
manteau (m) de fourrure	пӯстин	[pœstin]
veste (f) de fourrure	нимпӯстин	[nimpœstin]
manteau (m) de duvet	пуховик	[puχovik]
veste (f) (~ en cuir)	куртка	[kurtka]
imperméable (m)	боронӣ	[boroni:]
imperméable (adj)	обногузар	[obnoguzar]

31. Les vêtements

chemise (f)	курта	[kurta]
pantalon (m)	шим, шалвор	[ʃim], [ʃalvor]
jean (m)	шими ҷинс	[ʃimi ʤins]
veston (m)	пиҷак	[piʤak]
complet (m)	костюм	[kostjum]
robe (f)	куртаи заннона	[kurtai zannona]
jupe (f)	юбка	[jubka]
chemisette (f)	блузка	[bluzka]
veste (f) en laine	кофтаи бофта	[koftai bofta]
jaquette (f), blazer (m)	жакет	[ʒaket]
tee-shirt (m)	футболка	[futbolka]
short (m)	шортик	[ʃortik]
costume (m) de sport	либоси варзишӣ	[libosi varziʃi:]
peignoir (m) de bain	халат	[χalat]
pyjama (m)	пижама	[piʒama]
chandail (m)	свитер	[sviter]
pull-over (m)	пуловер	[pulover]
gilet (m)	камзӯл	[kamzœl]
queue-de-pie (f)	фрак	[frak]
smoking (m)	смокинг	[smoking]
uniforme (m)	либоси расмӣ	[libosi rasmi:]
tenue (f) de travail	либоси корӣ	[libosi kori:]
salopette (f)	комбинезон	[kombinezon]
blouse (f) (d'un médecin)	халат	[χalat]

32. Les sous-vêtements

sous-vêtements (m pl)	либоси таг	[libosi tag]
boxer (m)	турсуки мардона	[tursuki mardona]
slip (m) de femme	турсуки занона	[tursuki zanona]
maillot (m) de corps	майка	[majka]
chaussettes (f pl)	пайпоқ	[pajpoq]
chemise (f) de nuit	куртаи хоб	[kurtai χob]
soutien-gorge (m)	синабанд	[sinaband]
chaussettes (f pl) hautes	ҷуроби кутоҳ	[dʒurobi kutoh]
collants (m pl)	колготка	[kolgotka]
bas (m pl)	чуроби дароз	[tʃurobi daroz]
maillot (m) de bain	либоси оббозӣ	[libosi obbozi:]

33. Les chapeaux

chapeau (m)	кулоҳ, телпак	[kuloh], [telpak]
chapeau (m) feutre	шляпаи моҳутӣ	[ʃljapai mohuti:]
casquette (f) de base-ball	бейсболка	[bejsbolka]
casquette (f)	кепка	[kepka]
béret (m)	берет	[beret]
capuche (f)	либоси кулоҳдор	[libosi kulohdor]
panama (m)	панамка	[panamka]
bonnet (m) de laine	шапкаи бофтагӣ	[ʃapkai boftagi:]
foulard (m)	рӯймол	[rœjmol]
chapeau (m) de femme	кулоҳча	[kulohtʃa]
casque (m) (d'ouvriers)	тоскулоҳ	[toskuloh]
calot (m)	пилотка	[pilotka]
casque (m) (~ de moto)	хӯд	[χœd]
melon (m)	дегчакулох	[degtʃakuloχ]
haut-de-forme (m)	силиндр	[silindr]

34. Les chaussures

chaussures (f pl)	пойафзол	[pojafzol]
bottines (f pl)	патинка	[patinka]
souliers (m pl) (~ plats)	кафш, туфли	[kafʃ], [tufli]
bottes (f pl)	мӯза	[mœza]
chaussons (m pl)	шиппак	[ʃippak]
tennis (m pl)	крассовка	[krassovka]
baskets (f pl)	кетӣ	[keti:]
sandales (f pl)	сандал	[sandal]
cordonnier (m)	мӯзадӯз	[mœzadœz]
talon (m)	пошна	[poʃna]

paire (f)	чуфт	[dʒuft]
lacet (m)	бандак	[bandak]
lacer (vt)	бандак гузарондан	[bandak guzarondan]
chausse-pied (m)	кафчаи кафшпӯшӣ	[kaftʃai kafʃpœʃi:]
cirage (m)	креми пойафзол	[kremi pojafzol]

35. Le textile. Les tissus

coton (m)	пахта	[paχta]
de coton (adj)	пахтагин	[paχtagin]
lin (m)	катон	[katon]
de lin (adj)	аз зағирпоя	[az zaʁirpoja]
soie (f)	абрешим	[abreʃim]
de soie (adj)	абрешимин	[abreʃimin]
laine (f)	пашм	[paʃm]
en laine (adj)	пашмин	[paʃmin]
velours (m)	бахмал, махмал	[baχmal], [maχmal]
chamois (m)	замша, чир	[zamʃa], [dʒir]
velours (m) côtelé	пилтабахмал	[piltabaχmal]
nylon (m)	нейлон	[nejlon]
en nylon (adj)	аз нейлон	[az nejlon]
polyester (m)	полиэстер	[poliɛster]
en polyester (adj)	полуэстерӣ	[poluɛsteri:]
cuir (m)	чарм	[tʃarm]
en cuir (adj)	чармин	[tʃarmin]
fourrure (f)	мӯина, пӯст	[mœina], [pœst]
en fourrure (adj)	мӯинагӣ	[mœinagi:]

36. Les accessoires personnels

gants (m pl)	дастпӯшак	[dastpœʃak]
moufles (f pl)	дастпӯшаки бепанҷа	[dastpœʃaki bepandʒa]
écharpe (f)	гарданпеч	[gardanpetʃ]
lunettes (f pl)	айнак	[ajnak]
monture (f)	чанбарак	[tʃanbarak]
parapluie (m)	соябон, чатр	[sojabon], [tʃatr]
canne (f)	чӯб	[tʃœb]
brosse (f) â cheveux	чӯткаи мӯйсар	[tʃœtkai mœjsar]
éventail (m)	бодбезак	[bodbezak]
cravate (f)	галстук	[galstuk]
nœud papillon (m)	галстук-шапарак	[galstuk-ʃaparak]
bretelles (f pl)	шалворбанди китфӣ	[ʃalvorbandi kitfi:]
mouchoir (m)	даструймол	[dastrœjmol]
peigne (m)	шона	[ʃona]
barrette (f)	сарсӯзан, бандак	[sarsœzan], [bandak]

| épingle (f) â cheveux | санчак | [sandʒak] |
| boucle (f) | сагаки тасма | [sagaki tasma] |

| ceinture (f) | тасма | [tasma] |
| bandoulière (f) | тасма | [tasma] |

sac (m)	сумка	[sumka]
sac (m) â main	сумка	[sumka]
sac (m) â dos	борхалта	[borχalta]

37. Les vêtements. Divers

mode (f)	мод	[mod]
â la mode (adj)	модшуда	[modʃuda]
couturier, créateur de mode	тархсоз	[tarhsoz]

col (m)	гиребон, ёқа	[girebon], [joqa]
poche (f)	киса	[kisa]
de poche (adj)	... и киса	[i kisa]
manche (f)	остин	[ostin]
bride (f)	банди либос	[bandi libos]
braguette (f)	чоки пеши шим	[tʃoki peʃi ʃim]

fermeture (f) â glissière	занчирак	[zandʒirak]
agrafe (f)	гирехбанд	[girehband]
bouton (m)	тугма	[tugma]
boutonnière (f)	банди тугма	[bandi tugma]
s'arracher (bouton)	канда шудан	[kanda ʃudan]

coudre (vi, vt)	дӯхтан	[dœχtan]
broder (vt)	гулдӯзӣ кардан	[guldœzi: kardan]
broderie (f)	гулдӯзӣ	[guldœzi:]
aiguille (f)	сӯзани чокдӯзи	[sœzani tʃokdœzi]
fil (m)	ресмон	[resmon]
couture (f)	чок	[tʃok]

se salir (vp)	олуда шудан	[oluda ʃudan]
tache (f)	доғ, лакка	[doʁ], [lakka]
se froisser (vp)	ғичим шудан	[ʁidʒim ʃudan]
déchirer (vt)	даррондан	[darrondan]
mite (f)	куя	[kuja]

38. L'hygiène corporelle. Les cosmétiques

dentifrice (m)	хамираи дандон	[χamirai dandon]
brosse (f) â dents	чӯткаи дандоншӯй	[tʃœtkai dandonʃœi:]
se brosser les dents	дандон шустан	[dandon ʃustan]

rasoir (m)	ришгирак	[riʃgirak]
crème (f) â raser	креми ришгирӣ	[kremi riʃgiri:]
se raser (vp)	риш гирифтан	[riʃ giriftan]
savon (m)	собун	[sobun]

shampooing (m)	шампун	[ʃampun]
ciseaux (m pl)	кайчй	[kajtʃi:]
lime (f) à ongles	тарошаи нохунхо	[taroʃai noχunho]
pinces (f pl) à ongles	анбӯрча барои нохунхо	[anbœrtʃa baroi noχunho]
pince (f) à épiler	мӯйчинак	[mœjtʃinak]
produits (m pl) de beauté	косметика	[kosmetika]
masque (m) de beauté	ниқоби косметикӣ	[niqobi kosmetiki:]
manucure (f)	нохунорой	[noχunoroi:]
se faire les ongles	нохун оростан	[noχun orostan]
pédicurie (f)	ороиши нохунхои пой	[oroiʃi noχunhoi poj]
trousse (f) de toilette	косметичка	[kosmetitʃka]
poudre (f)	сафеда	[safeda]
poudrier (m)	қуттии упо	[qutti:i upo]
fard (m) à joues	сурхӣ	[surχi:]
eau (f) de toilette	атр	[atr]
lotion (f)	оби мушкин	[obi muʃkin]
eau de Cologne (f)	атр	[atr]
fard (m) à paupières	тен барои пилкхои чашм	[ten baroi pilkhoi tʃaʃm]
crayon (m) à paupières	қалами чашм	[qalami tʃaʃm]
mascara (m)	туш барои мижахо	[tuʃ baroi miʒaho]
rouge (m) à lèvres	лабсурхкунак	[labsurχkunak]
vernis (m) à ongles	лаки нохун	[laki noχun]
laque (f) pour les cheveux	лаки мӯйсар	[laki mœjsar]
déodorant (m)	дезодорант	[dezodorant]
crème (f)	крем, равгани рӯй	[krem], [ravʁani rœj]
crème (f) pour le visage	креми рӯй	[kremi rœj]
crème (f) pour les mains	креми даст	[kremi dast]
crème (f) anti-rides	креми зиддиожанг	[kremi ziddioʒang]
crème (f) de jour	креми рӯзона	[kremi rœzona]
crème (f) de nuit	креми шабона	[kremi ʃabona]
de jour (adj)	рӯзона, ~и рӯз	[rœzona], [~i rœz]
de nuit (adj)	шабона, ... и шаб	[ʃabona], [i ʃab]
tampon (m)	тампон	[tampon]
papier (m) de toilette	когази хочатхона	[koʁazi χodʒatχona]
sèche-cheveux (m)	мӯхушккунак	[mœχuʃkkunak]

39. Les bijoux. La bijouterie

bijoux (m pl)	чавохирот	[dʒavohirot]
précieux (adj)	қиматбахо	[qimatbaho]
poinçon (m)	иёр	[ijɔr]
bague (f)	ангуштарин	[anguʃtarin]
alliance (f)	ангуштарини никох	[anguʃtarini nikoh]
bracelet (m)	дастпона	[dastpona]
boucles (f pl) d'oreille	гӯшвора	[gœʃvora]
collier (m) (de perles)	гарданбанд	[gardanband]

| couronne (f) | точ | [todʒ] |
| collier (m) (en verre, etc.) | шадда | [ʃadda] |

diamant (m)	бриллиант	[brilliant]
émeraude (f)	зумуррад	[zumurrad]
rubis (m)	лаъл	[la'l]
saphir (m)	ёқути кабуд	[jɔquti kabud]
perle (f)	марворид	[marvorid]
ambre (m)	каҳрабо	[kahrabo]

40. Les montres. Les horloges

montre (f)	соати дастй	[soati dasti:]
cadran (m)	лавҳаи соат	[lavhai soat]
aiguille (f)	акрабак	[akrabak]
bracelet (m)	дастпона	[dastpona]
bracelet (m) (en cuir)	банди соат	[bandi soat]

pile (f)	батареяча, батарейка	[batarejatʃa], [batarejka]
être déchargé	холй шудааст	[χoli: ʃudaast]
changer de pile	иваз кардани батаре	[ivaz kardani batare]
avancer (vi)	пеш меравад	[peʃ meravad]
retarder (vi)	ақиб мондан	[aqib mondan]

pendule (f)	соати деворй	[soati devori:]
sablier (m)	соати регй	[soati regi:]
cadran (m) solaire	соати офтобй	[soati oftobi:]
réveil (m)	соати рӯимизии зангдор	[soati rœimizi:i zangdor]
horloger (m)	соатсоз	[soatsoz]
réparer (vt)	таъмир кардан	[ta'mir kardan]

Les aliments. L'alimentation

41. Les aliments

viande (f)	гӯшт	[gœʃt]
poulet (m)	мурғ	[murʁ]
poulet (m) (poussin)	чӯча	[tʃœdʒa]
canard (m)	мурғобӣ	[murʁobi:]
oie (f)	қоз, ғоз	[qoz], [ʁoz]
gibier (m)	сайди шикор	[sajdi ʃikor]
dinde (f)	мурғи марҷон	[murʁi mardʒon]
du porc	гӯшти хук	[gœʃti χuk]
du veau	гӯшти гӯсола	[gœʃti gœsola]
du mouton	гӯшти гӯсфанд	[gœʃti gœsfand]
du bœuf	гӯшти гов	[gœʃti gov]
lapin (m)	харгӯш	[χargœʃ]
saucisson (m)	ҳасиб	[hasib]
saucisse (f)	ҳасибча	[hasibtʃa]
bacon (m)	бекон	[bekon]
jambon (m)	ветчина	[vettʃina]
cuisse (f)	рон	[ron]
pâté (m)	паштет	[paʃtet]
foie (m)	ҷигар	[dʒigar]
farce (f)	гӯшти кӯфта	[gœʃti kœfta]
langue (f)	забон	[zabon]
œuf (m)	тухм	[tuχm]
les œufs	тухм	[tuχm]
blanc (m) d'œuf	сафедии тухм	[safedi:i tuχm]
jaune (m) d'œuf	зардии тухм	[zardi:i tuχm]
poisson (m)	моҳӣ	[mohi:]
fruits (m pl) de mer	маҳсулоти баҳрӣ	[mahsuloti bahri:]
crustacés (m pl)	буғумпойҳо	[buʁumpojho]
caviar (m)	тухми моҳӣ	[tuχmi mohi:]
crabe (m)	харчанг	[χartʃang]
crevette (f)	креветка	[krevetka]
huître (f)	садафак	[sadafak]
langoustine (f)	лангуст	[langust]
poulpe (m)	ҳаштпо	[haʃtpo]
calamar (m)	калмар	[kalmar]
esturgeon (m)	гӯшти тосмоҳӣ	[gœʃti tosmohi:]
saumon (m)	озодмоҳӣ	[ozodmohi:]
flétan (m)	палтус	[paltus]
morue (f)	равғанмоҳӣ	[ravʁanmohi:]

maquereau (m)	зағӯтамоҳӣ	[zaʁœtamohi:]
thon (m)	самак	[samak]
anguille (f)	мормоҳӣ	[mormohi:]

truite (f)	гулмоҳӣ	[gulmohi:]
sardine (f)	саморис	[samoris]
brochet (m)	шӯртан	[ʃœrtan]
hareng (m)	шӯрмоҳӣ	[ʃœrmohi:]

pain (m)	нон	[non]
fromage (m)	панир	[panir]
sucre (m)	шакар	[ʃakar]
sel (m)	намак	[namak]

riz (m)	биринҷ	[birindʒ]
pâtes (m pl)	макарон	[makaron]
nouilles (f pl)	угро	[ugro]

beurre (m)	равғани маска	[ravʁani maska]
huile (f) végétale	равғани пок	[ravʁani pok]
huile (f) de tournesol	равғани офтобпараст	[ravʁani oftobparast]
margarine (f)	маргарин	[margarin]

| olives (f pl) | зайтун | [zajtun] |
| huile (f) d'olive | равғани зайтун | [ravʁani zajtun] |

lait (m)	шир	[ʃir]
lait (m) condensé	ширқиём	[ʃirqijɔm]
yogourt (m)	йогурт	[jɔgurt]
crème (f) aigre	қаймоқ	[qajmok]
crème (f) (de lait)	қаймоқ	[qajmoq]

| sauce (f) mayonnaise | майонез | [majɔnez] |
| crème (f) au beurre | крем | [krem] |

gruau (m)	ярма	[jarma]
farine (f)	орд	[ord]
conserves (f pl)	консерв	[konserv]

pétales (m pl) de maïs	бадроқи чуворимакка	[badroqi dʒuvorimakka]
miel (m)	асал	[asal]
confiture (f)	чем	[dʒem]
gomme (f) à mâcher	сақич, илқ	[saqitʃ], [ilq]

42. Les boissons

eau (f)	об	[ob]
eau (f) potable	оби нӯшиданӣ	[obi nœʃidani:]
eau (f) minérale	оби миералӣ	[obi minerali:]

plate (adj)	бе газ	[be gaz]
gazeuse (l'eau ~)	газнок	[gaznok]
pétillante (adj)	газдор	[gazdor]
glace (f)	ях	[jax]

avec de la glace	бо ях, яхдор	[bo jaχ], [jaχdor]
sans alcool	беалкогол	[bealkogol]
boisson (f) non alcoolisée	нӯшокии беалкогол	[nœʃoki:i bealkogol]
rafraîchissement (m)	нӯшокии хунук	[nœʃoki:ɣunuk]
limonade (f)	лимонад	[limonad]

boissons (f pl) alcoolisées	нӯшокиҳои спиртӣ	[nœʃokihoi spirti:]
vin (m)	шароб, май	[ʃarob], [maj]
vin (m) blanc	маи ангури сафед	[mai anguri safed]
vin (m) rouge	маи арғувонӣ	[mai arʁuvoni:]

liqueur (f)	ликёр	[likjɔr]
champagne (m)	шампан	[ʃampan]
vermouth (m)	вермут	[vermut]

whisky (m)	виски	[viski]
vodka (f)	арақ, водка	[araq], [vodka]
gin (m)	чин	[dʒin]
cognac (m)	коняк	[konjak]
rhum (m)	ром	[rom]

café (m)	қаҳва	[qahva]
café (m) noir	қаҳваи сиёҳ	[qahvai sijɔh]
café (m) au lait	ширқаҳва	[ʃirqahva]
cappuccino (m)	капучино	[kaputʃino]
café (m) soluble	қаҳваи кӯфта	[qahvai kœfta]

lait (m)	шир	[ʃir]
cocktail (m)	коктейл	[koktejl]
cocktail (m) au lait	коктейли ширӣ	[koktejli ʃiri:]

jus (m)	шарбат	[ʃarbat]
jus (m) de tomate	шираи помидор	[ʃirai pomidor]
jus (m) d'orange	афшураи афлесун	[afʃurai aflesun]
jus (m) pressé	афшураи тоза тайёршуда	[afʃurai toza tajjɔrʃuda]

bière (f)	пиво	[pivo]
bière (f) blonde	оби ҷави шафоф	[obi dʒavi ʃafof]
bière (f) brune	оби ҷави торик	[obi dʒavi torik]

thé (m)	чой	[tʃoj]
thé (m) noir	чойи сиёҳ	[tʃoji sijɔh]
thé (m) vert	чои кабуд	[tʃoi kabud]

43. Les légumes

| légumes (m pl) | сабзавот | [sabzavot] |
| verdure (f) | сабзавот | [sabzavot] |

tomate (f)	помидор	[pomidor]
concombre (m)	бодиринг	[bodiring]
carotte (f)	сабзӣ	[sabzi:]
pomme (f) de terre	картошка	[kartoʃka]
oignon (m)	пиёз	[pijɔz]

ail (m)	сир	[sir]
chou (m)	карам	[karam]
chou-fleur (m)	гулкарам	[gulkaram]
chou (m) de Bruxelles	карами брусселй	[karami brusseli:]
brocoli (m)	карами брокколй	[karami brokkoli:]

betterave (f)	лаблабу	[lablabu]
aubergine (f)	бодинҷон	[bodinʤon]
courgette (f)	таррак	[tarrak]
potiron (m)	каду	[kadu]
navet (m)	шалғам	[ʃalʁam]

persil (m)	чаъфарй	[ʤa'fari:]
fenouil (m)	шибит	[ʃibit]
laitue (f) (salade)	коху	[kohu]
céleri (m)	карафс	[karafs]
asperge (f)	морчӯба	[mortʃœba]
épinard (m)	испаноқ	[ispanoq]

pois (m)	нахӯд	[naχœd]
fèves (f pl)	лӯбиё	[lœbijɔ]
maïs (m)	чуворимакка	[ʤuvorimakka]
haricot (m)	лӯбиё	[lœbijɔ]

poivron (m)	қаламфур	[qalamfur]
radis (m)	шалғамча	[ʃalʁamtʃa]
artichaut (m)	анганор	[anganor]

44. Les fruits. Les noix

fruit (m)	мева	[meva]
pomme (f)	себ	[seb]
poire (f)	мурӯд, нок	[murœd], [nok]
citron (m)	лиму	[limu]
orange (f)	афлесун, пӯртахол	[aflesun], [pœrtaχol]
fraise (f)	қулфинай	[qulfinaj]

mandarine (f)	норанг	[norang]
prune (f)	олу	[olu]
pêche (f)	шафтолу	[ʃaftolu]
abricot (m)	дарахти зардолу	[daraχti zardolu]
framboise (f)	тамашк	[tamaʃk]
ananas (m)	ананас	[ananas]

banane (f)	банан	[banan]
pastèque (f)	тарбуз	[tarbuz]
raisin (m)	ангур	[angur]
cerise (f)	олуболу	[olubolu]
merise (f)	гелос	[gelos]

pamplemousse (m)	норинч	[norinʤ]
avocat (m)	авокадо	[avokado]
papaye (f)	папайя	[papajja]
mangue (f)	анбах	[anbah]

grenade (f)	анор	[anor]
groseille (f) rouge	коти сурх	[koti surχ]
cassis (m)	қоти сиёҳ	[qoti sijɔh]
groseille (f) verte	бектошӣ	[bektoʃi:]
myrtille (f)	черника	[ʧernika]
mûre (f)	марминҷон	[marmindʒon]
raisin (m) sec	мавиз	[maviz]
figue (f)	анҷир	[andʒir]
datte (f)	хурмо	[χurmo]
cacahuète (f)	финдуки заминӣ	[finduki zamini:]
amande (f)	бодом	[bodom]
noix (f)	чормағз	[ʧormaʁz]
noisette (f)	финдиқ	[findiq]
noix (f) de coco	норгил	[norgil]
pistaches (f pl)	писта	[pista]

45. Le pain. Les confiseries

confiserie (f)	маҳсулоти қанноди	[mahsuloti qannodi]
pain (m)	нон	[non]
biscuit (m)	кулчақанд	[kulʧaqand]
chocolat (m)	шоколад	[ʃokolad]
en chocolat (adj)	... и шоколад, шоколадӣ	[i ʃokolad], [ʃokoladi:]
bonbon (m)	конфет	[konfet]
gâteau (m), pâtisserie (f)	пирожни	[piroʒni]
tarte (f)	торт	[tort]
gâteau (m)	пирог	[pirog]
garniture (f)	пур кардани, андохтани	[pur kardani], [andoχtani]
confiture (f)	мураббо	[murabbo]
marmelade (f)	мармалод	[marmalod]
gaufre (f)	вафлӣ	[vafli:]
glace (f)	яхмос	[jaχmos]
pudding (m)	пудинг	[puding]

46. Les plats cuisinés

plat (m)	таом	[taom]
cuisine (f)	таомхо	[taomho]
recette (f)	ретсепт	[retsept]
portion (f)	навола	[navola]
salade (f)	салат	[salat]
soupe (f)	шӯрбо	[ʃœrbo]
bouillon (m)	булён	[buljɔn]
sandwich (m)	бутерброд	[buterbrod]
les œufs brouillés	тухмбирён	[tuχmbirjɔn]

| hamburger (m) | гамбургер | [gamburger] |
| steak (m) | бифштекс | [bifʃteks] |

garniture (f)	хӯриши таом	[χœriʃi taom]
spaghettis (m pl)	спагеттй	[spagetti:]
purée (f)	пюре	[pjure]
pizza (f)	питса	[pitsa]
bouillie (f)	шӯла	[ʃœla]
omelette (f)	омлет, тухмбирён	[omlet], [tuχmbirjɔn]

cuit à l'eau (adj)	чӯшондашуда	[dʒœʃondaʃuda]
fumé (adj)	дудхӯрда	[dudχœrda]
frit (adj)	бирён	[birjɔn]
sec (adj)	хушк	[χuʃk]
congelé (adj)	яхкарда	[jaχkarda]
mariné (adj)	дар сирко хобондашуда	[dar sirko χobondaʃuda]

sucré (adj)	ширин	[ʃirin]
salé (adj)	шӯр	[ʃœr]
froid (adj)	хунук	[χunuk]
chaud (adj)	гарм	[garm]
amer (adj)	талх	[talχ]
bon (savoureux)	бомаза	[bomaza]

cuire à l'eau	пухтан, чӯшондан	[puχtan], [dʒœʃondan]
préparer (le dîner)	пухтан	[puχtan]
faire frire	бирён кардан	[birjɔn kardan]
réchauffer (vt)	гарм кардан	[garm kardan]

saler (vt)	намак андохтан	[namak andoχtan]
poivrer (vt)	қаламфур андохтан	[qalamfur andoχtan]
râper (vt)	тарошидан	[taroʃidan]
peau (f)	пӯст	[pœst]
éplucher (vt)	пӯст кандан	[pœst kandan]

47. Les épices

sel (m)	намак	[namak]
salé (adj)	шӯр	[ʃœr]
saler (vt)	намак андохтан	[namak andoχtan]

poivre (m) noir	мурчи сиёҳ	[murtʃi sijɔh]
poivre (m) rouge	мурчи сурх	[murtʃi surχ]
moutarde (f)	хардал	[χardal]
raifort (m)	қаҳзак	[qahzak]

condiment (m)	хӯриш	[χœriʃ]
épice (f)	дорувор	[doruvor]
sauce (f)	қайла	[qajla]
vinaigre (m)	сирко	[sirko]

anis (m)	тухми бодиён	[tuχmi bodijɔn]
basilic (m)	нозбӯй, райҳон	[nozbœj], [rajhon]
clou (m) de girofle	қаланфури гардан	[qalanfuri gardan]

gingembre (m)	занҷабил	[zandʒabil]
coriandre (m)	кашнич	[kaʃnidʒ]
cannelle (f)	дорчин, долчин	[dortʃin], [doltʃin]

sésame (m)	кунҷид	[kundʒid]
feuille (f) de laurier	барги ғор	[bargi ʁor]
paprika (m)	қаламфур	[qalamfur]
cumin (m)	зира	[zira]
safran (m)	заъфарон	[za'faron]

48. Les repas

| nourriture (f) | хӯрок, таом | [χœrok], [taom] |
| manger (vi, vt) | хӯрдан | [χœrdan] |

petit déjeuner (m)	ноништа	[noniʃta]
prendre le petit déjeuner	ноништа кардан	[noniʃta kardan]
déjeuner (m)	хӯроки пешин	[χœroki peʃin]
déjeuner (vi)	хӯроки пешин хӯрдан	[χœroki peʃin χœrdan]
dîner (m)	шом	[ʃom]
dîner (vi)	хӯроки шом хӯрдан	[χœroki ʃom χœrdan]

| appétit (m) | иштиҳо | [iʃtiho] |
| Bon appétit! | ош шавад! | [oʃ ʃavad] |

ouvrir (vt)	кушодан	[kuʃodan]
renverser (liquide)	резондан	[rezondan]
se renverser (liquide)	рехтан	[reχtan]

bouillir (vi)	ҷӯшидан	[dʒœʃidan]
faire bouillir	ҷӯшондан	[dʒœʃondan]
bouilli (l'eau ~e)	ҷӯшомада	[dʒœʃomada]

| refroidir (vt) | хунук кардан | [χunuk kardan] |
| se refroidir (vp) | хунук шудан | [χunuk ʃudan] |

| goût (m) | маза, таъм | [maza], [ta'm] |
| arrière-goût (m) | таъм | [ta'm] |

suivre un régime	хароб шудан	[χarob ʃudan]
régime (m)	диета	[dieta]
vitamine (f)	витамин	[vitamin]
calorie (f)	калория	[kalorija]

| végétarien (m) | гӯштнахӯранда | [gœʃtnaχœranda] |
| végétarien (adj) | бегӯшт | [begœʃt] |

lipides (m pl)	равған	[ravʁan]
protéines (f pl)	сафедаҳо	[safedaho]
glucides (m pl)	карбогидратҳо	[karbogidratho]

tranche (f)	тилим, порча	[tilim], [portʃa]
morceau (m)	порча	[portʃa]
miette (f)	резгӣ	[rezgi:]

49. Le dressage de la table

cuillère (f)	қошуқ	[qoʃuq]
couteau (m)	корд	[kord]
fourchette (f)	чангча, чангол	[ʧangʧa], [ʧangol]
tasse (f)	косача	[kosatʃa]
assiette (f)	тақсимча	[taqsimʧa]
soucoupe (f)	тақсимӣ, тақсимича	[taqsimi:], [taqsimitʃa]
serviette (f)	салфетка	[salfetka]
cure-dent (m)	дандонковак	[dandonkovak]

50. Le restaurant

restaurant (m)	тарабхона	[tarabχona]
salon (m) de café	қаҳвахона	[qahvaχona]
bar (m)	бар	[bar]
salon (m) de thé	чойхона	[ʧojχona]
serveur (m)	пешхизмат	[peʃχizmat]
serveuse (f)	пешхизмат	[peʃχizmat]
barman (m)	бармен	[barmen]
carte (f)	меню	[menju]
carte (f) des vins	рӯйхати шаробҳо	[rœjχati ʃarobho]
réserver une table	банд кардани миз	[band kardani miz]
plat (m)	таом	[taom]
commander (vt)	супориш додан	[suporiʃ dodan]
faire la commande	фармоиш додан	[farmoiʃ dodan]
apéritif (m)	аперитив	[aperitiv]
hors-d'œuvre (m)	хӯриш, газак	[χœriʃ], [gazak]
dessert (m)	десерт	[desert]
addition (f)	ҳисоб	[hisob]
régler l'addition	пардохт кардан	[pardoχt kardan]
rendre la monnaie	бақия додан	[baqija dodan]
pourboire (m)	чойпулӣ	[ʧojpuli:]

La famille. Les parents. Les amis

51. Les données personnelles. Les formulaires

prénom (m)	ном	[nom]
nom (m) de famille	фамилия	[familija]
date (f) de naissance	рӯзи таваллуд	[rœzi tavallud]
lieu (m) de naissance	ҷойи таваллуд	[dʒoji tavallud]
nationalité (f)	миллият	[millijat]
domicile (m)	ҷои истиқомат	[dʒoi istiqomat]
pays (m)	кишвар	[kiʃvar]
profession (f)	касб	[kasb]
sexe (m)	ҷинс	[dʒins]
taille (f)	қад	[qad]
poids (m)	вазн	[vazn]

52. La famille. Les liens de parenté

mère (f)	модар	[modar]
père (m)	падар	[padar]
fils (m)	писар	[pisar]
fille (f)	духтар	[duχtar]
fille (f) cadette	духтари хурдй	[duχtari χurdi:]
fils (m) cadet	писари хурдй	[pisari χurdi:]
fille (f) aînée	духтари калонй	[duχtari kaloni:]
fils (m) aîné	писари калонй	[pisari kaloni:]
frère (m)	бародар	[barodar]
frère (m) aîné	ака	[aka]
frère (m) cadet	додар	[dodar]
sœur (f)	хоҳар	[χohar]
sœur (f) aînée	апа	[apa]
sœur (f) cadette	хоҳари хурд	[χohari χurd]
cousin (m)	амакписар (ама-, таго-, хола-)	[amakpisar] ([ama], [taʁo], [χola])
cousine (f)	амакдухтар (ама-, таго-, хола-)	[amakduχtar] ([ama], [taʁo], [χola])
maman (f)	модар, оча	[modar], [otʃa]
papa (m)	дада	[dada]
parents (m pl)	волидайн	[volidajn]
enfant (m, f)	кӯдак	[kœdak]
enfants (pl)	бачагон, кӯдакон	[batʃagon], [kœdakon]
grand-mère (f)	модаркалон, онакалон	[modarkalon], [onakalon]

grand-père (m)	бобо	[bobo]
petit-fils (m)	набера	[nabera]
petite-fille (f)	набера	[nabera]
petits-enfants (pl)	набераҳо	[naberaho]

oncle (m)	таѓо, амак	[taʁo], [amak]
tante (f)	хола, амма	[xola], [amma]
neveu (m)	ҷиян	[dʒijan]
nièce (f)	ҷиян	[dʒijan]

belle-mère (f)	модарарӯс	[modararœs]
beau-père (m)	падаршӯй	[padarʃœj]
gendre (m)	почо, язна	[potʃo], [jazna]
belle-mère (f)	модарандар	[modarandar]
beau-père (m)	падарандар	[padarandar]

nourrisson (m)	бачаи ширмак	[batʃai ʃirmak]
bébé (m)	кӯдаки ширмак	[kœdaki ʃirmak]
petit (m)	писарча, кӯдак	[pisartʃa], [kœdak]

femme (f)	зан	[zan]
mari (m)	шавҳар, шӯй	[ʃavhar], [ʃœj]
époux (m)	завҷ	[zavdʒ]
épouse (f)	завҷа	[zavdʒa]

marié (adj)	зандор	[zandor]
mariée (adj)	шавҳардор	[ʃavhardor]
célibataire (adj)	безан	[bezan]
célibataire (m)	безан	[bezan]
divorcé (adj)	ҷудошудагӣ	[dʒudoʃudagi:]
veuve (f)	бева, бевазан	[beva], [bevazan]
veuf (m)	бева, занмурда	[beva], [zanmurda]

parent (m)	хеш	[xeʃ]
parent (m) proche	хеши наздик	[xeʃi nazdik]
parent (m) éloigné	хеши дур	[xeʃi dur]
parents (m pl)	хешу табор	[xeʃu tabor]

orphelin (m)	ятимбача	[jatimbatʃa]
orpheline (f)	ятимдухтар	[jatimduxtar]
tuteur (m)	васӣ	[vasi:]
adopter (un garçon)	писар хондан	[pisar xondan]
adopter (une fille)	духтархонд кардан	[duxtarxond kardan]

53. Les amis. Les collègues

ami (m)	дӯст, чӯра	[dœst], [dʒœra]
amie (f)	дугона	[dugona]
amitié (f)	дӯстӣ, чӯрагӣ	[dœsti:], [dʒœragi:]
être ami	дӯстӣ кардан	[dœsti: kardan]

copain (m)	дуст, рафик	[dust], [rafik]
copine (f)	шинос	[ʃinos]
partenaire (m)	шарик	[ʃarik]

chef (m)	сардор	[sardor]
supérieur (m)	сардор	[sardor]
propriétaire (m)	соҳиб	[sohib]
subordonné (m)	зердаст	[zerdast]
collègue (m, f)	ҳамкор	[hamkor]

connaissance (f)	шинос, ошно	[ʃinos], [oʃno]
compagnon (m) de route	ҳамроҳ	[hamroh]
copain (m) de classe	ҳамсинф	[hamsinf]

voisin (m)	ҳамсоя	[hamsoja]
voisine (f)	ҳамсоязан	[hamsojazan]
voisins (m pl)	ҳамсояҳо	[hamsojaho]

54. L'homme. La femme

femme (f)	зан, занак	[zan], [zanak]
jeune fille (f)	чавондухтар	[dʒavonduχtar]
fiancée (f)	арӯс	[arœs]

belle (adj)	зебо	[zebo]
de grande taille	зани қадбаланд	[zani qadbaland]
svelte (adj)	мавзун	[mavzun]
de petite taille	начандон баланд	[natʃandon baland]

| blonde (f) | духтари малламӯй | [duχtari mallamœj] |
| brune (f) | зани сиёҳмӯй | [zani sijɔhmœj] |

de femme (adj)	занона	[zanona]
vierge (f)	бокира, афифа	[bokira], [afifa]
enceinte (adj)	ҳомила	[homila]
homme (m)	мард	[mard]
blond (m)	марди малламӯй	[mardi mallamœj]
brun (m)	марди сиёҳмӯй	[mardi sijɔhmœj]
de grande taille	қадбаланд	[qadbaland]
de petite taille	начандон баланд	[natʃandon baland]

rude (adj)	дағал	[daʁal]
trapu (adj)	ғалча	[ʁaltʃa]
robuste (adj)	боқувват	[boquvvat]
fort (adj)	зӯр	[zœr]
force (f)	зӯр, қувва	[zœr], [quvva]

gros (adj)	фарбеҳ, пурра	[farbeh], [purra]
basané (adj)	сабзина	[sabzina]
svelte (adj)	мавзун	[mavzun]
élégant (adj)	босалиқа	[bosaliqa]

55. L'age

| âge (m) | син | [sin] |
| jeunesse (f) | чавонӣ | [dʒavoni:] |

jeune (adj)	чавон	[dʒavon]
plus jeune (adj)	хурд, хурдй	[xurd], [xurdi:]
plus âgé (adj)	калон	[kalon]

jeune homme (m)	чавон	[dʒavon]
adolescent (m)	наврас	[navras]
gars (m)	чавон	[dʒavon]

| vieillard (m) | пир | [pir] |
| vieille femme (f) | пиразан | [pirazan] |

adulte (m)	калонсол	[kalonsol]
d'âge moyen (adj)	солдида	[soldida]
âgé (adj)	пир, солхӯрда	[pir], [solxœrda]
vieux (adj)	пир	[pir]

retraite (f)	нафақа	[nafaqa]
prendre sa retraite	ба нафақа баромадан	[ba nafaqa baromadan]
retraité (m)	нафақахӯр	[nafaqaxœr]

56. Les enfants. Les adolescents

enfant (m, f)	кӯдак	[kœdak]
enfants (pl)	бачагон, кӯдакон	[batʃagon], [kœdakon]
jumeaux (m pl)	дугоник	[dugonik]

berceau (m)	гаҳвора	[gahvora]
hochet (m)	шақилдоқ	[ʃaqildoq]
couche (f)	уребча	[urebtʃa]

tétine (f)	чочак	[tʃotʃak]
poussette (m)	аробачаи бачагона	[arobatʃai batʃagona]
école (f) maternelle	боғчаи бачагон	[boʁtʃai batʃagon]
baby-sitter (m, f)	бачабардор	[batʃabardor]

enfance (f)	бачагй, кӯдакй	[batʃagi:], [kœdaki:]
poupée (f)	лӯхтак	[lœxtak]
jouet (m)	бозича	[bozitʃa]
jeu (m) de construction	конструктор	[konstruktor]
bien élevé (adj)	тарбиядида	[tarbijadida]
mal élevé (adj)	беодоб	[beodob]
gâté (adj)	эрка	[ɛrka]

faire le vilain	шӯхй кардан	[ʃœxi: kardan]
vilain (adj)	шӯх	[ʃœx]
espièglerie (f)	шӯхй	[ʃœxi:]
vilain (m)	шӯх	[ʃœx]

| obéissant (adj) | халим | [halim] |
| désobéissant (adj) | саркаш | [sarkaʃ] |

sage (adj)	халим	[halim]
intelligent (adj)	оқил	[oqil]
l'enfant prodige	вундеркинд	[vunderkind]

57. Les couples mariés. La vie de famille

embrasser (sur les lèvres)	бӯсидан	[bœsidan]
s'embrasser (vp)	бӯсобӯсӣ кардан	[bœsobœsi: kardan]
famille (f)	оила	[oila]
familial (adj)	оилавӣ	[oilavi:]
couple (m)	чуфт, зану шавҳар	[dʒuft], [zanu ʃavhar]
mariage (m) (~ civil)	никоҳ	[nikoh]
foyer (m) familial	хонавода	[χonavoda]
dynastie (f)	сулола	[sulola]

rendez-vous (m)	воxӯрӣ	[voχœri:]
baiser (m)	бӯса	[bœsa]

amour (m)	муҳаббат, ишқ	[muhabbat], [iʃq]
aimer (qn)	дӯст доштан	[dœst doʃtan]
aimé (adj)	азиз, маҳбуб	[aziz], [mahbub]

tendresse (f)	меҳрубонӣ	[mehruboni:]
tendre (affectueux)	меҳрубон	[mehrubon]
fidélité (f)	вафодорӣ	[vafodori:]
fidèle (adj)	вафодор	[vafodor]
soin (m) (~ de qn)	ғамхорӣ	[ʁamχori:]
attentionné (adj)	ғамхор	[ʁamχor]

jeunes mariés (pl)	навхонадор	[navχonador]
lune (f) de miel	моҳи асал	[mohi asal]
se marier (prendre pour époux)	шавҳар кардан	[ʃavhar kardan]
se marier (prendre pour épouse)	зан гирифтан	[zan giriftan]
mariage (m)	тӯй, тӯйи арӯсӣ	[tœj], [tœji arœsi:]
les noces d'or	панҷоҳсолагии тӯйи арӯсӣ	[pandʒohsolagi:i tœji arœsi:]
anniversaire (m)	солгард, солагӣ	[solgard], [solagi:]

amant (m)	ошиқ	[oʃiq]
maîtresse (f)	маъшуқа	[ma'ʃuqa]

adultère (m)	бевафоӣ	[bevafoi:]
commettre l'adultère	бевафоӣ кардан	[bevafoi: kardan]
jaloux (adj)	бадрашк	[badraʃk]
être jaloux	рашк кардан	[raʃk kardan]
divorce (m)	талоқ	[taloq]
divorcer (vi)	талоқ гирифтан	[taloq giriftan]

se disputer (vp)	ҷанҷол кардан	[dʒandʒol kardan]
se réconcilier (vp)	оштӣ шудан	[oʃti: ʃudan]
ensemble (adv)	дар як ҷо	[dar jak dʒo]
sexe (m)	шаҳват	[ʃahvat]

bonheur (m)	бахт	[baχt]
heureux (adj)	хушбахт	[χuʃbaχt]
malheur (m)	бадбахтӣ	[badbaχti:]
malheureux (adj)	бадбахт	[badbaχt]

Le caractère. Les émotions

58. Les sentiments. Les émotions

sentiment (m)	ҳис	[his]
sentiments (m pl)	ҳиссиёт	[hissijot]
sentir (vt)	ҳис кардан	[his kardan]
faim (f)	гуруснагӣ	[gurusnagi:]
avoir faim	хӯрок хостан	[xœrok xostan]
soif (f)	ташнагӣ	[taʃnagi:]
avoir soif	об хостан	[ob xostan]
somnolence (f)	хоболудӣ	[xoboludi:]
avoir sommeil	хоб рафтан хостан	[xob raftan xostan]
fatigue (f)	мондашавӣ	[mondaʃavi:]
fatigué (adj)	мондашуда	[mondaʃuda]
être fatigué	монда шудан	[monda ʃudan]
humeur (f) (de bonne ~)	рӯҳия, кайфият	[rœhija], [kajfijat]
ennui (m)	дилтангӣ, зиқӣ	[diltangi:], [ziqi:]
s'ennuyer (vp)	дилтанг шудан	[diltang ʃudan]
solitude (f)	танҳоӣ	[tanhoi:]
s'isoler (vp)	танҳо мондан	[tanho mondan]
inquiéter (vt)	ташвиш додан	[taʃviʃ dodan]
s'inquiéter (vp)	нороҳат шудан	[norohat ʃudan]
inquiétude (f)	нороҳатӣ	[norohati:]
préoccupation (f)	ҳаячон	[hajadʒon]
soucieux (adj)	мушавваш	[muʃavvaʃ]
s'énerver (vp)	асабони шудан	[asaboni ʃudan]
paniquer (vi)	воҳима кардан	[vohima kardan]
espoir (m)	умед	[umed]
espérer (vi)	умед доштан	[umed doʃtan]
certitude (f)	дилпурӣ	[dilpuri:]
certain (adj)	дилпур	[dilpur]
incertitude (f)	эътимод надоштани	[ɛ'timod nadoʃtani]
incertain (adj)	эътимоднадошта	[ɛ'timodnadoʃta]
ivre (adj)	маст	[mast]
sobre (adj)	ҳушёр	[huʃjor]
faible (adj)	заиф	[zaif]
heureux (adj)	хушбахт	[xuʃbaxt]
faire peur	тарсондан	[tarsondan]
fureur (f)	ғазабнокӣ	[ʁazabnoki:]
rage (f), colère (f)	бадхашмӣ	[badxaʃmi:]
dépression (f)	рӯҳафтодагӣ	[rœhaftodagi:]
inconfort (m)	нороҳат	[norohat]

confort (m)	ҳузуру ҳаловат	[huzuru halovat]
regretter (vt)	таассуф хӯрдан	[taassuf xœrdan]
regret (m)	таассуф	[taassuf]
malchance (f)	нобарорӣ, нокомӣ	[nobarori:], [nokomi:]
tristesse (f)	ранҷиш, озор	[randʒiʃ], [ozor]

honte (f)	шарм	[ʃarm]
joie, allégresse (f)	шодӣ, хурсандӣ	[ʃodi:], [xursandi:]
enthousiasme (m)	ғайрат	[ʁajrat]
enthousiaste (m)	одами боғайрат	[odami boʁairat]
avoir de l'enthousiasme	ғайрат кардан	[ʁajrat kardan]

59. Le caractère. La personnalité

caractère (m)	феъл, табиат	[fe'l], [tabiat]
défaut (m)	камбудӣ	[kambudi:]
esprit (m)	ақл	[aql]
raison (f)	фаҳм	[fahm]

conscience (f)	виҷдон	[vidʒdon]
habitude (f)	одат	[odat]
capacité (f)	қобилият	[qobilijat]
savoir (faire qch)	тавонистан	[tavonistan]

patient (adj)	бурдбор	[burdbor]
impatient (adj)	бетоқат	[betoqat]
curieux (adj)	кунҷков	[kundʒkov]
curiosité (f)	кунҷковӣ	[kundʒkovi:]

modestie (f)	хоксорӣ	[xoksori:]
modeste (adj)	хоксор	[xoksor]
vaniteux (adj)	густохона	[gustoxona]

paresse (f)	танбалӣ	[tanbali:]
paresseux (adj)	танбал	[tanbal]
paresseux (m)	танбал	[tanbal]

astuce (f)	ҳилагарӣ	[hilagari:]
rusé (adj)	ҳилагар	[hilagar]
méfiance (f)	нобоварӣ	[nobovari:]
méfiant (adj)	нобовар	[nobovar]

générosité (f)	саховат	[saxovat]
généreux (adj)	сахӣ	[saxi:]
doué (adj)	боистеъдод	[boiste'dod]
talent (m)	истеъдод	[iste'dod]

courageux (adj)	нотарс, ҷасур	[notars], [dʒasur]
courage (m)	нотарсӣ, ҷасурӣ	[notarsi:], [dʒasuri:]
honnête (adj)	бовиҷдон	[bovidʒdon]
honnêteté (f)	бовиҷдонӣ	[bovidʒdoni:]

| prudent (adj) | эҳтиёткор | [ɛhtijɔtkor] |
| courageux (adj) | диловар | [dilovar] |

| sérieux (adj) | мулоҳизакор | [mulohizakor] |
| sévère (adj) | сахтгир | [saχtgir] |

décidé (adj)	собитқадам	[sobitqadam]
indécis (adj)	сабукмизоҷ	[sabukmizoʤ]
timide (adj)	бечуръат	[beʤur'at]
timidité (f)	бечуръатй	[beʤur'ati:]

confiance (f)	бовар	[bovar]
croire (qn)	бовар кардан	[bovar kardan]
confiant (adj)	зудбовар	[zudbovar]

sincèrement (adv)	самимона	[samimona]
sincère (adj)	самимй	[samimi:]
sincérité (f)	самимият	[samimijat]
ouvert (adj)	кушод	[kuʃod]

calme (adj)	ором	[orom]
franc (sincère)	фошофош	[foʃofoʃ]
naïf (adj)	соддадил	[soddadil]
distrait (adj)	хаёлпарешон	[χajolpareʃon]
drôle, amusant (adj)	хандаовар	[χandaovar]

avidité (f)	хасисй	[χasisi:]
avare (adj)	хасис	[χasis]
radin (adj)	хасис	[χasis]
méchant (adj)	бад, шарир	[bad], [ʃarir]
têtu (adj)	якрав	[jakrav]
désagréable (adj)	дилнокаш	[dilnokaʃ]

égoïste (m)	худпараст	[χudparast]
égoïste (adj)	худпарастона	[χudparastona]
peureux (m)	тарсончак	[tarsonʧak]
peureux (adj)	тарсончак	[tarsonʧak]

60. Le sommeil. Les rêves

dormir (vi)	хобидан	[χobidan]
sommeil (m)	хоб	[χob]
rêve (m)	хоб	[χob]
rêver (en dormant)	хоб дидан	[χob didan]
endormi (adj)	хоболуд	[χobolud]

lit (m)	кат	[kat]
matelas (m)	матрас, бистар	[matras], [bistar]
couverture (f)	кӯрпа	[kœrpa]
oreiller (m)	болишт	[boliʃt]
drap (m)	чойпӯш	[ʤojpœʃ]

insomnie (f)	бехобй	[beχobi:]
sans sommeil (adj)	бехоб	[beχob]
somnifère (m)	доруи хоб	[dorui χob]
prendre un somnifère	доруи хоб нӯшидан	[dorui χob nœʃidan]
avoir sommeil	хоб рафтан хостан	[χob raftan χostan]

bâiller (vi)	хамёза кашидан	[χamjoza kaʃidan]
aller se coucher	хобравӣ рафтан	[χobravi: raftan]
faire le lit	ҷогах андохтан	[dʒogah andoχtan]
s'endormir (vp)	хоб рафтан	[χob raftan]

cauchemar (m)	сиёхӣ	[sijɔhi:]
ronflement (m)	хуррок	[χurrok]
ronfler (vi)	хуррок кашидан	[χurrok kaʃidan]

réveil (m)	соати рӯимизии зангдор	[soati rœimizi:i zangdor]
réveiller (vt)	бедор кардан	[bedor kardan]
se réveiller (vp)	аз хоб бедор шудан	[az χob bedor ʃudan]
se lever (tôt, tard)	сахар хестан	[sahar χestan]
se laver (le visage)	дасту рӯй шустан	[dastu rœj ʃustan]

61. L'humour. Le rire. La joie

humour (m)	хачв	[hadʒv]
sens (m) de l'humour	шӯхтабъӣ	[ʃœχtab'i:]
s'amuser (vp)	хурсандӣ кардан	[χursandi: kardan]
joyeux (adj)	хушхол	[χuʃhol]
joie, allégresse (f)	шодӣ, хурсандӣ	[ʃodi:], [χursandi:]

sourire (m)	табассум	[tabassum]
sourire (vi)	табассум кардан	[tabassum kardan]
se mettre à rire	хандидан	[χandidan]
rire (vi)	хандидан	[χandidan]
rire (m)	ханда	[χanda]

anecdote (f)	латифа, хикояти мазхакавӣ	[latifa], [hikojati mazhakavi:]
drôle, amusant (adj)	хандаовар	[χandaovar]
comique, ridicule (adj)	хандаовар	[χandaovar]

plaisanter (vi)	шӯхӣ кардан	[ʃœχi: kardan]
plaisanterie (f)	шӯхӣ	[ʃœχi:]
joie (f) (émotion)	шодӣ	[ʃodi:]
se réjouir (vp)	шодӣ кардан	[ʃodi: kardan]
joyeux (adj)	хурсанд	[χursand]

62. Dialoguer et communiquer. Partie 1

| communication (f) | алоқа, робита | [aloqa], [robita] |
| communiquer (vi) | алоқа доштан | [aloqa doʃtan] |

conversation (f)	сӯхбат	[sœhbat]
dialogue (m)	муколима	[mukolima]
discussion (f) (débat)	мубохиса	[mubohisa]
débat (m)	бахс	[bahs]
discuter (vi)	бахс кардан	[bahs kardan]
interlocuteur (m)	хамсӯхбат	[hamsœhbat]
sujet (m)	мавзӯъ	[mavzœ']

point (m) de vue	нуқтаи назар	[nuqtai nazar]
opinion (f)	фикр	[fikr]
discours (m)	нутқ	[nutq]

discussion (f) (d'un rapport)	муҳокима	[muhokima]
discuter (vt)	муҳокима кардан	[muhokima kardan]
conversation (f)	сӯҳбат	[sœhbat]
converser (vi)	сӯҳбат кардан	[sœhbat kardan]
rencontre (f)	мулоқот	[muloqot]
se rencontrer (vp)	мулоқот кардан	[muloqot kardan]

proverbe (m)	зарбулмасал	[zarbulmasal]
dicton (m)	мақол	[maqol]
devinette (f)	чистон	[tʃiston]
poser une devinette	чистон гуфтан	[tʃiston guftan]
mot (m) de passe	рамз	[ramz]
secret (m)	сир, роз	[sir], [roz]

serment (m)	қасам	[qasam]
jurer (de faire qch)	қасам хурдан	[qasam χurdan]
promesse (f)	ваъда	[va'da]
promettre (vt)	ваъда додан	[va'da dodan]

conseil (m)	маслиҳат	[maslihat]
conseiller (vt)	маслиҳат додан	[maslihat dodan]
suivre le conseil (de qn)	аз рӯи маслиҳат рафтор кардан	[az rœi maslihat raftor kardan]
écouter (~ ses parents)	ба маслиҳат гӯш додан	[ba maslihat gœʃ dodan]

nouvelle (f)	навӣ, навигарӣ	[navi:], [navigari:]
sensation (f)	ҳангома	[hangoma]
renseignements (m pl)	маълумот	[ma'lumot]
conclusion (f)	хулоса	[χulosa]
voix (f)	овоз	[ovoz]
compliment (m)	таъриф	[ta'rif]
aimable (adj)	меҳрубон	[mehrubon]

mot (m)	калима	[kalima]
phrase (f)	ибора	[ibora]
réponse (f)	ҷавоб	[dʒavob]

| vérité (f) | ҳақиқат | [haqiqat] |
| mensonge (m) | дурӯғ | [durœʁ] |

pensée (f)	фикр, ақл	[fikr], [aql]
idée (f)	фикр	[fikr]
fantaisie (f)	сайри хаёлот	[sajri χajɔlot]

63. Dialoguer et communiquer. Partie 2

respecté (adj)	мӯҳтарам	[mœhtaram]
respecter (vt)	ҳурмат кардан	[hurmat kardan]
respect (m)	ҳурмат	[hurmat]
Cher ...	Мӯҳтарам ...	[mœhtaram]

| présenter (faire connaître) | ошно кардан | [oʃno kardan] |
| faire la connaissance | ошно шудан | [oʃno ʃudan] |

intention (f)	ният	[nijat]
avoir l'intention	ният доштан	[nijat doʃtan]
souhait (m)	орзу, хоҳиш	[orzu], [χohiʃ]
souhaiter (vt)	орзу кардан	[orzu kardan]

étonnement (m)	тааҷҷуб, ҳайрат	[taadʒdʒub], [hajrat]
étonner (vt)	ба ҳайрат андохтан	[ba hajrat andoχtan]
s'étonner (vp)	ба ҳайрат афтодан	[ba hajrat aftodan]

donner (vt)	додан	[dodan]
prendre (vt)	гирифтан	[giriftan]
rendre (vt)	баргардондан	[bargardondan]
retourner (vt)	баргардондан	[bargardondan]

s'excuser (vp)	узр пурсидан	[uzr pursidan]
excuse (f)	узр, афв	[uzr], [afv]
pardonner (vt)	бахшидан	[baχʃidan]

parler (~ avec qn)	гап задан	[gap zadan]
écouter (vt)	гӯш кардан	[gœʃ kardan]
écouter jusqu'au bout	гӯш кардан	[gœʃ kardan]
comprendre (vt)	фаҳмидан	[fahmidan]

montrer (vt)	нишон додан	[niʃon dodan]
regarder (vt)	нигоҳ кардан ба …	[nigoh kardan ba]
appeler (vt)	чеғ задан	[dʒeʁ zadan]
distraire (déranger)	халал расондан	[χalal rasondan]
ennuyer (déranger)	халал расондан	[χalal rasondan]
passer (~ le message)	расонидан	[rasonidan]

prière (f) (demande)	пурсиш	[pursiʃ]
demander (vt)	пурсидан	[pursidan]
exigence (f)	талаб	[talab]
exiger (vt)	талаб кардан	[talab kardan]

taquiner (vt)	шӯронидан	[ʃœronidan]
se moquer (vp)	масхара кардан	[masχara kardan]
moquerie (f)	масхара	[masχara]
surnom (m)	лақаб	[laqab]

allusion (f)	ишора	[iʃora]
faire allusion	ишора кардан	[iʃora kardan]
sous-entendre (vt)	тахмин кардан	[taχmin kardan]

description (f)	тасвир	[tasvir]
décrire (vt)	тасвир кардан	[tasvir kardan]
éloge (m)	таъриф	[ta'rif]
louer (vt)	таъриф кардан	[ta'rif kardan]

déception (f)	ноумедӣ	[noumedi:]
décevoir (vt)	ноумед кардан	[noumed kardan]
être déçu	ноумед шудан	[noumed ʃudan]
supposition (f)	гумон	[gumon]

supposer (vt)	гумон доштан	[gumon doʃtan]
avertissement (m)	огоҳӣ	[ogohi:]
prévenir (vt)	огоҳонидан	[ogohonidan]

64. Dialoguer et communiquer. Partie 3

| convaincre (vt) | розӣ кардан | [rozi: kardan] |
| calmer (vt) | ором кардан | [orom kardan] |

silence (m) (~ est d'or)	хомӯшӣ	[χomœʃi:]
rester silencieux	хомӯш будан	[χomœʃ budan]
chuchoter (vi, vt)	пичиррос задан	[pitʃirros zadan]
chuchotement (m)	пичиррос	[pitʃirros]

| sincèrement (adv) | фошофош | [foʃofoʃ] |
| à mon avis ... | ба фикри ман ... | [ba fikri man] |

détail (m) (d'une histoire)	муфассалӣ	[mufassali:]
détaillé (adj)	муфассал	[mufassal]
en détail (adv)	муфассал	[mufassal]

| indice (m) | луқма додан | [luqma dodan] |
| donner un indice | луқма додан | [luqma dodan] |

regard (m)	нигоҳ	[nigoh]
jeter un coup d'oeil	нигоҳ кардан	[nigoh kardan]
fixe (un regard ~)	караҳт	[karaχt]
clignoter (vi)	мижа задан	[miʒa zadan]
cligner de l'oeil	чашмакӣ задан	[tʃaʃmaki: zadan]
hocher la tête	сар ҷунбондан	[sar dʒunbondan]

soupir (m)	нафас	[nafas]
soupirer (vi)	нафас рост кардан	[nafas rost kardan]
tressaillir (vi)	як қад ларидан	[jak qad laridan]
geste (m)	имову ишора	[imovu iʃora]
toucher (de la main)	даст задан	[dast zadan]
saisir (par le bras)	гирифтан	[giriftan]
taper (sur l'épaule)	тап-тап задан	[tap-tap zadan]

Attention!	Эҳтиёт шавед!	[ɛhtijot ʃaved]
Vraiment?	Наход?	[naχod]
Tu es sûr?	Ту дилпурӣ?	[tu dilpuri:]
Bonne chance!	Барори кор!	[barori kor]
Compris!	Фаҳмо!	[fahmo]
Dommage!	Афсӯс!	[afsœs]

65. L'accord. Le refus

accord (m)	розигӣ	[rozigi:]
être d'accord	розигӣ додан	[rozigi: dodan]
approbation (f)	розигӣ	[rozigi:]
approuver (vt)	розигӣ додан	[rozigi: dodan]

| refus (m) | рад | [rad] |
| se refuser (vp) | рад кардан | [rad kardan] |

Super!	Олӣ!	[oli:]
Bon!	Хуб!	[χub]
D'accord!	Майлаш!	[majlaʃ]

interdit (adj)	мамнӯъ	[mamnœ']
c'est interdit	мумкин нест	[mumkin nest]
c'est impossible	номумкин	[nomumkin]
incorrect (adj)	нодуруст	[nodurust]

décliner (vt)	рад кардан	[rad kardan]
soutenir (vt)	тарафдорӣ кардан	[tarafdori: kardan]
accepter (condition, etc.)	баргирифтан	[bargiriftan]

confirmer (vt)	тасдиқ кардан	[tasdiq kardan]
confirmation (f)	тасдиқ	[tasdiq]
permission (f)	иҷозат	[idʒozat]
permettre (vt)	иҷозат додан	[idʒozat dodan]
décision (f)	қарор	[qaror]
ne pas dire un mot	хомӯш мондан	[χomœʃ mondan]

condition (f)	шарт	[ʃart]
excuse (f) (prétexte)	баҳона	[bahona]
éloge (m)	таъриф	[ta'rif]
louer (vt)	таъриф кардан	[ta'rif kardan]

66. La réussite. La chance. L'échec

succès (m)	муваффақият	[muvaffaqijat]
avec succès (adv)	бо муваффақият	[bo muvaffaqijat]
réussi (adj)	бомуваффақият	[bomuvaffaqijat]

chance (f)	барор	[baror]
Bonne chance!	Барори кор!	[barori kor]
de chance (jour ~)	бобарор	[bobaror]
chanceux (adj)	бахтбедор	[baχtbedor]
échec (m)	бемуваффақиятӣ	[bemuvaffaqijati:]
infortune (f)	нобарорӣ	[nobarori:]
malchance (f)	нобарорӣ, нокомӣ	[nobarori:], [nokomi:]
raté (adj)	бемуваффақият	[bemuvaffaqijat]
catastrophe (f)	шикаст	[ʃikast]

fierté (f)	ифтихор	[iftiχor]
fier (adj)	боифтихор	[boiftiχor]
être fier	ифтихор доштан	[iftiχor doʃtan]

gagnant (m)	ғолиб	[ʁolib]
gagner (vi)	ғалаба кардан	[ʁalaba kardan]
perdre (vi)	бохтан	[boχtan]
tentative (f)	кӯшиш	[kœʃiʃ]
essayer (vt)	кӯшидан	[kœʃidan]
chance (f)	имконият	[imkonijat]

67. Les disputes. Les émotions négatives

cri (m)	дод, фарёд	[dod], [farjod]
crier (vi)	дод задан	[dod zadan]
se mettre à crier	фарёд кардан	[farjod kardan]
dispute (f)	чанчол	[dʒandʒol]
se disputer (vp)	чанчол кардан	[dʒandʒol kardan]
scandale (m) (dispute)	ғавғо	[ʁavʁo]
faire un scandale	ғавғо бардоштан	[ʁavʁo bardoʃtan]
conflit (m)	чанчол, низоъ	[dʒandʒol], [nizo']
malentendu (m)	нофаҳмй	[nofahmi:]
insulte (f)	таҳқир	[tahqir]
insulter (vt)	таҳқир кардан	[tahqir kardan]
insulté (adj)	ранчида, озурда	[randʒida], [ozurda]
offense (f)	озор, озурдаги	[ozor], [ozurdagi]
offenser (vt)	озурда кардан	[ozurda kardan]
s'offenser (vp)	озурда шудан	[ozurda ʃudan]
indignation (f)	ғазаб	[ʁazab]
s'indigner (vp)	ба ғазаб омадан	[ba ʁazab omadan]
plainte (f)	шикоят	[ʃikojat]
se plaindre (vp)	шикоят кардан	[ʃikojat kardan]
excuse (f)	узр, афв	[uzr], [afv]
s'excuser (vp)	узр пурсидан	[uzr pursidan]
demander pardon	узр пурсидан	[uzr pursidan]
critique (f)	танқид	[tanqid]
critiquer (vt)	танқид кардан	[tanqid kardan]
accusation (f)	айбдоркунй	[ajbdorkuni:]
accuser (vt)	айбдор кардан	[ajbdor kardan]
vengeance (f)	интиқом	[intiqom]
se venger (vp)	интиқом гирифтан	[intiqom giriftan]
faire payer (qn)	қасос гирифтан	[qasos giriftan]
mépris (m)	ҳақорат	[haqorat]
mépriser (vt)	ҳақорат кардан	[haqorat kardan]
haine (f)	нафрат	[nafrat]
haïr (vt)	нафрат кардан	[nafrat kardan]
nerveux (adj)	асабонй	[asaboni:]
s'énerver (vp)	асабони шудан	[asaboni ʃudan]
fâché (adj)	бадқаҳр	[badqahr]
fâcher (vt)	ранчондан	[randʒondan]
humiliation (f)	таҳқиркунй	[tahqirkuni:]
humilier (vt)	таҳқир кардан	[tahqir kardan]
s'humilier (vp)	таҳқир шудан	[tahqir ʃudan]
choc (m)	садама, садамот	[sadama], [sadamot]
choquer (vt)	хичил кардан	[χidʒil kardan]
ennui (m) (problème)	нохушй	[noχuʃi:]

désagréable (adj)	дилнокаш	[dilnokaʃ]
peur (f)	тарс	[tars]
terrible (tempête, etc.)	сахт	[saχt]
effrayant (histoire ~e)	даҳшатангез	[dahʃatangez]
horreur (f)	даҳшат	[dahʃat]
horrible (adj)	даҳшатнок	[dahʃatnok]
commencer à trembler	ба ларзиш омадан	[ba larziʃ omadan]
pleurer (vi)	гиря кардан	[girja kardan]
se mettre à pleurer	гиря сар кардан	[girja sar kardan]
larme (f)	ашк	[aʃk]
faute (f)	гуноҳ	[gunoh]
culpabilité (f)	айб	[ajb]
déshonneur (m)	беобрӯй	[beobrœi:]
protestation (f)	эътироз	[ɛ'tiroz]
stress (m)	стресс	[stress]
déranger (vt)	ташвиш додан	[taʃviʃ dodan]
être furieux	ғазабнок шудан	[ʁazabnok ʃudan]
en colère, fâché (adj)	ғазаболуд	[ʁazabolud]
rompre (relations)	бас кардан	[bas kardan]
réprimander (vt)	дашном додан	[daʃnom dodan]
prendre peur	тарс хӯрдан	[tars χœrdan]
frapper (vt)	задан	[zadan]
se battre (vp)	занозанӣ кардан	[zanozani: kardan]
régler (~ un conflit)	ба роҳ мондан	[ba roh mondan]
mécontent (adj)	норозӣ	[norozi:]
enragé (adj)	пурхашм	[purχaʃm]
Ce n'est pas bien!	Ин хуб не!	[in χub ne]
C'est mal!	Ин бад!	[in bad]

La médecine

68. Les maladies

maladie (f)	касалй, беморй	[kasali:], [bemori:]
être malade	бемор будан	[bemor budan]
santé (f)	тандурустй, саломатй	[tandurusti:], [salomati:]
rhume (m) (coryza)	зуком	[zukom]
angine (f)	дарди гулӯ	[dardi gulœ]
refroidissement (m)	шамол хӯрдани	[ʃamol χœrdani]
prendre froid	шамол хӯрдан	[ʃamol χœrdan]
bronchite (f)	бронхит	[bronχit]
pneumonie (f)	варами шуш	[varami ʃuʃ]
grippe (f)	грипп	[gripp]
myope (adj)	наздикбин	[nazdikbin]
presbyte (adj)	дурбин	[durbin]
strabisme (m)	олусй	[olusi:]
strabique (adj)	олус	[olus]
cataracte (f)	катаракта	[katarakta]
glaucome (m)	глаукома	[glaukoma]
insulte (f)	сактаи майна	[saktai majna]
crise (f) cardiaque	инфаркт, сактаи дил	[infarkt], [saktai dil]
infarctus (m) de myocarde	инфаркти миокард	[infarkti miokard]
paralysie (f)	фалач	[faladʒ]
paralyser (vt)	фалач шудан	[faladʒ ʃudan]
allergie (f)	аллергия	[allergija]
asthme (m)	астма, зикки нафас	[astma], [ziqqi nafas]
diabète (m)	диабет	[diabet]
mal (m) de dents	дарди дандон	[dardi dandon]
carie (f)	кариес	[karies]
diarrhée (f)	шикамрав	[ʃikamrav]
constipation (f)	қабзият	[qabzijat]
estomac (m) barbouillé	вайроншавии меъда	[vajronʃavi:i me'da]
intoxication (f) alimentaire	захролудшавӣ	[zahroludʃavi:]
être intoxiqué	захролуд шудан	[zahrolud ʃudan]
arthrite (f)	артрит	[artrit]
rachitisme (m)	рахит, чиллаашӯр	[raχit], [tʃillaaʃœr]
rhumatisme (m)	тарбод	[tarbod]
athérosclérose (f)	атеросклероз	[ateroskleroz]
gastrite (f)	гастрит	[gastrit]
appendicite (f)	варами кӯррӯда	[varami kœrrœda]

| cholécystite (f) | холетсистит | [χoletsistit] |
| ulcère (m) | захм | [zaχm] |

rougeole (f)	сурхча, сурхак	[surχtʃa], [surχak]
rubéole (f)	сурхакон	[surχakon]
jaunisse (f)	зардча, заъфарма	[zardtʃa], [za'farma]
hépatite (f)	гепатит, кубод	[gepatit], [qubod]

schizophrénie (f)	маҷзубият	[madʒzubijat]
rage (f) (hydrophobie)	ҳорӣ	[hori:]
névrose (f)	невроз, чунун	[nevroz], [tʃunun]
commotion (f) cérébrale	зарб хӯрдани майна	[zarb χœrdani majna]

cancer (m)	саратон	[saraton]
sclérose (f)	склероз	[skleroz]
sclérose (f) en plaques	склерози густаришёфта	[sklerozi gustariʃʃofta]

alcoolisme (m)	майзадагӣ	[majzadagi:]
alcoolique (m)	майзада	[majzada]
syphilis (f)	оташак	[otaʃak]
SIDA (m)	СПИД	[spid]

tumeur (f)	варам	[varam]
maligne (adj)	ганда	[ganda]
bénigne (adj)	безарар	[bezarar]

fièvre (f)	табларза, варача	[tablarza], [varadʒa]
malaria (f)	варача	[varadʒa]
gangrène (f)	гангрена	[gangrena]
mal (m) de mer	касалии баҳр	[kasali:i bahr]
épilepsie (f)	саръ	[sar']

épidémie (f)	эпидемия	[ɛpidemija]
typhus (m)	арақа, домана	[araqa], [domana]
tuberculose (f)	сил	[sil]
choléra (m)	вабо	[vabo]
peste (f)	тоун	[toun]

69. Les symptômes. Le traitement. Partie 1

symptôme (m)	аломат	[alomat]
température (f)	ҳарорат, таб	[harorat], [tab]
fièvre (f)	ҳарорати баланд	[harorati baland]
pouls (m)	набз	[nabz]

vertige (m)	саргардӣ	[sargardi:]
chaud (adj)	гарм	[garm]
frisson (m)	ларза, варача	[larza], [varadʒa]
pâle (adj)	рангпарида	[rangparida]

toux (f)	сулфа	[sulfa]
tousser (vi)	сулфидан	[sulfidan]
éternuer (vi)	атса задан	[atsa zadan]
évanouissement (m)	беҳушӣ	[behuʃi:]

s'évanouir (vp)	беҳуш шудан	[behuʃ ʃudan]
bleu (m)	доғи кабуд, кабудӣ	[doʁi kabud], [kabudi:]
bosse (f)	ғуррӣ	[ʁurri:]
se heurter (vp)	зада шудан	[zada ʃudan]
meurtrissure (f)	лат	[lat]
se faire mal	лату кӯб хӯрдан	[latu kœb χœrdan]

boiter (vi)	лангидан	[langidan]
foulure (f)	баромадан	[baromadan]
se démettre (l'épaule, etc.)	баровардан	[barovardan]
fracture (f)	шикасти устухон	[ʃikasti ustuχon]
avoir une fracture	устухон шикастан	[ustuχon ʃikastan]

coupure (f)	буриш	[buriʃ]
se couper (~ le doigt)	буридан	[buridan]
hémorragie (f)	хунравӣ	[χunravi:]

| brûlure (f) | сӯхта | [sœχta] |
| se brûler (vp) | сӯзондан | [sœzondan] |

se piquer (le doigt)	халондан	[χalondan]
se piquer (vp)	халидан	[χalidan]
blesser (vt)	осеб дидан	[oseb didan]
blessure (f)	захм	[zaχm]
plaie (f) (blessure)	захм, реш	[zaχm], [reʃ]
trauma (m)	захм	[zaχm]

délirer (vi)	алой гуфтан	[aloi: guftan]
bégayer (vi)	тутила шудан	[tutila ʃudan]
insolation (f)	офтобзанӣ	[oftobzani:]

70. Les symptômes. Le traitement. Partie 2

| douleur (f) | дард | [dard] |
| écharde (f) | хор, зиреба | [χor], [zireba] |

sueur (f)	арақ	[araq]
suer (vi)	арақ кардан	[araq kardan]
vomissement (m)	қайкунӣ	[qajkuni:]
spasmes (m pl)	рагкашӣ	[ragkaʃi:]

enceinte (adj)	ҳомила	[homila]
naître (vi)	таваллуд шудан	[tavallud ʃudan]
accouchement (m)	зоиш	[zoiʃ]
accoucher (vi)	зоидан	[zoidan]
avortement (m)	аборт, бачапартой	[abort], [batʃapartoi:]

inhalation (f)	нафасгирӣ	[nafasgiri:]
expiration (f)	нафасбарорӣ	[nafasbarori:]
expirer (vi)	нафас баровардаи	[nafas barovardai]
inspirer (vi)	нафас кашидан	[nafas kaʃidan]

| invalide (m) | инвалид | [invalid] |
| handicapé (m) | маъюб | [ma'jub] |

drogué (m)	нашъаманд	[naʃ'amand]
sourd (adj)	кар, гӯшкар	[kar], [gœʃkar]
muet (adj)	гунг	[gung]
sourd-muet (adj)	кару гунг	[karu gung]

fou (adj)	девона	[devona]
fou (m)	девона	[devona]
folle (f)	девона	[devona]
devenir fou	аз ақл бегона шудан	[az aql begona ʃudan]

gène (m)	ген	[gen]
immunité (f)	сироятнопазирӣ	[sirojatnopaziri:]
héréditaire (adj)	меросӣ, ирсӣ	[merosi:], [irsi:]
congénital (adj)	модарзод	[modarzod]

virus (m)	вирус	[virus]
microbe (m)	микроб	[mikrob]
bactérie (f)	бактерия	[bakterija]
infection (f)	сироят	[sirojat]

71. Les symptômes. Le traitement. Partie 3

| hôpital (m) | касалхона | [kasalxona] |
| patient (m) | бемор | [bemor] |

diagnostic (m)	ташхиси касалӣ	[taʃxisi kasali:]
cure (f) (faire une ~)	муоличa	[muolidʒa]
traitement (m)	табобат	[tabobat]
se faire soigner	табобат гирифтан	[tabobat giriftan]
traiter (un patient)	табобат кардан	[tabobat kardan]
soigner (un malade)	нигоҳубин кардан	[nigohubin kardan]
soins (m pl)	нигоҳубин	[nigohubin]

opération (f)	ҷарроҳи	[dʒarrohi:]
panser (vt)	бо бандина бастан	[bo bandina bastan]
pansement (m)	ҷароҳатбандӣ	[dʒarohatbandi:]

vaccination (f)	доругузаронӣ	[doruguzaroni:]
vacciner (vt)	эмгузаронӣ кардан	[ɛmguzaroni: kardan]
piqûre (f)	сӯзанзанӣ	[sœzanzani:]
faire une piqûre	сӯзандору кардан	[sœzandoru kardan]

crise, attaque (f)	хуруҷ	[xurudʒ]
amputation (f)	ампутатсия	[amputatsija]
amputer (vt)	ампутатсия кардан	[amputatsija kardan]
coma (m)	кома, игмо	[koma], [igmo]
être dans le coma	дар кома будан	[dar koma budan]
réanimation (f)	шӯъбаи эҳё	[ʃœ'bai ɛhjo]

se rétablir (vp)	сиҳат шудан	[sihat ʃudan]
état (m) (de santé)	аҳвол	[ahvol]
conscience (f)	ҳуш	[huʃ]
mémoire (f)	ҳофиза	[hofiza]
arracher (une dent)	кандан	[kandan]

| plombage (m) | пломба | [plomba] |
| plomber (vt) | пломба занондан | [plomba zanondan] |

| hypnose (f) | гипноз | [gipnoz] |
| hypnotiser (vt) | гипноз кардан | [gipnoz kardan] |

72. Les médecins

médecin (m)	духтур	[duχtur]
infirmière (f)	ҳамшираи тиббӣ	[hamʃirai tibbi:]
médecin (m) personnel	духтури шахсӣ	[duχturi ʃaχsi:]

dentiste (m)	духтури дандон	[duχturi dandon]
ophtalmologiste (m)	духтури чашм	[duχturi ʧaʃm]
généraliste (m)	терапевт	[terapevt]
chirurgien (m)	ҷаррох	[dʒarroh]

psychiatre (m)	равонпизишк	[ravonpiziʃk]
pédiatre (m)	духтури касалиҳои кӯдакона	[duχturi kasalihoi kœdakona]
psychologue (m)	равоншинос	[ravonʃinos]
gynécologue (m)	гинеколог	[ginekolog]
cardiologue (m)	кардиолог	[kardiolog]

73. Les médicaments. Les accessoires

médicament (m)	дору	[doru]
remède (m)	дору	[doru]
prescrire (vt)	таъйин кардан	[ta'jin kardan]
ordonnance (f)	нусхаи даво	[nusχai davo]

comprimé (m)	ҳаб	[hab]
onguent (m)	марҳам	[marham]
ampoule (f)	ампул	[ampul]
mixture (f)	доруи обакӣ	[dorui obaki:]
sirop (m)	сироп	[sirop]
pilule (f)	ҳаб	[hab]
poudre (f)	хока	[χoka]

bande (f)	дока	[doka]
coton (m) (ouate)	пахта	[paχta]
iode (m)	йод	[jɔd]

sparadrap (m)	лейкопластир	[lejkoplastir]
compte-gouttes (m)	қатрачакон	[qatratʃakon]
thermomètre (m)	ҳароратсанҷ	[haroratsandʒ]
seringue (f)	обдуздак	[obduzdak]

fauteuil (m) roulant	аробачаи маъюбӣ	[arobatʃai ma'jubi:]
béquilles (f pl)	баѓаласо	[baʁalaso]
anesthésique (m)	доруи дард	[dorui dard]
purgatif (m)	мусхил	[mushil]

alcool (m)	спирт	[spirt]
herbe (f) médicinale	растаниҳои доругӣ	[rastanihoi dorugi:]
d'herbes (adj)	... и алаф	[i alaf]

74. Le tabac et ses produits dérivés

tabac (m)	тамоку	[tamoku]
cigarette (f)	сигарета	[sigareta]
cigare (f)	сигара	[sigara]
pipe (f)	чилим, чубук	[tʃilim], [tʃubuk]
paquet (m)	қуттӣ	[qutti:]

allumettes (f pl)	гӯгирд	[gœgird]
boîte (f) d'allumettes	қуттии гӯгирд	[qutti:i gœgird]
briquet (m)	оташафрӯзак	[otaʃafrœzak]
cendrier (m)	хокистардон	[χokistardon]
étui (m) à cigarettes	папиросдон	[papirosdon]

| fume-cigarette (m) | найча | [najtʃa] |
| filtre (m) | филтр | [filtr] |

fumer (vi, vt)	сигоркашидан	[sigorkaʃidan]
allumer une cigarette	даргирондан	[dargirondan]
tabagisme (m)	сигоркашӣ	[sigorkaʃi:]
fumeur (m)	сигоркаш	[sigorkaʃ]

| mégot (m) | пасмондаи сигор | [pasmondai sigor] |
| cendre (f) | хокистар | [χokistar] |

L'HABITAT HUMAIN

La ville

ville (f)	шаҳр	[ʃahr]
capitale (f)	пойтахт	[pojtaχt]
village (m)	деҳа, деҳ	[deha], [deh]
plan (m) de la ville	нақшаи шаҳр	[naqʃai ʃahr]
centre-ville (m)	маркази шаҳр	[markazi ʃahr]
banlieue (f)	шаҳрча	[ʃahrʧa]
de banlieue (adj)	наздишаҳрӣ	[nazdiʃahri:]
périphérie (f)	атроф, канор	[atrof], [kanor]
alentours (m pl)	атрофи шаҳр	[atrofi ʃahr]
quartier (m)	квартал, маҳалла	[kvartal], [mahalla]
quartier (m) résidentiel	маҳаллаи истиқоматӣ	[mahallai istiqomati:]
trafic (m)	ҳаракат дар кӯча	[harakat dar kœʧa]
feux (m pl) de circulation	чароғи раҳнамо	[ʧaroʁi rahnamo]
transport (m) urbain	нақлиёти шаҳрӣ	[naqlijoti ʃahri:]
carrefour (m)	чорраҳа	[ʧorraha]
passage (m) piéton	гузаргоҳи пиёдагардон	[guzargohi pijodagardon]
passage (m) souterrain	гузаргоҳи зеризаминӣ	[guzargohi zerizamini:]
traverser (vt)	гузаштан	[guzaʃtan]
piéton (m)	пиёдагард	[pijodagard]
trottoir (m)	пиёдараҳа	[pijodaraha]
pont (m)	пул, кӯпрук	[pul], [kœpruk]
quai (m)	соҳил	[sohil]
fontaine (f)	фаввора	[favvora]
allée (f)	кӯчабоғ	[kœʧaboʁ]
parc (m)	боғ	[boʁ]
boulevard (m)	кӯчабоғ, гулгашт	[kœʧaboʁ], [gulgaʃt]
place (f)	майдон	[majdon]
avenue (f)	хиёбон	[χijɔbon]
rue (f)	кӯча	[kœʧa]
ruelle (f)	тангкӯча	[tangkœʧa]
impasse (f)	кӯчаи бумбаста	[kœʧai bumbasta]
maison (f)	хона	[χona]
édifice (m)	бино	[bino]
gratte-ciel (m)	иморати осмонхарош	[imorati osmonχaroʃ]
façade (f)	намо	[namo]
toit (m)	бом	[bom]

fenêtre (f)	тиреза	[tireza]
arc (m)	равоқ, тоқ	[ravoq], [toq]
colonne (f)	сутун	[sutun]
coin (m)	бурчак	[burtʃak]

vitrine (f)	витрина	[vitrina]
enseigne (f)	лавҳа	[lavha]
affiche (f)	эълоннома	[ɛ'lonnoma]
affiche (f) publicitaire	плакати реклама	[plakati reklama]
panneau-réclame (m)	лавҳаи эълонхо	[lavhai ɛ'lonho]

ordures (f pl)	ахлот, хокрӯба	[axlot], [xokrœba]
poubelle (f)	ахлотқуттӣ	[axlotqutti:]
jeter à terre	ифлос кардан	[iflos kardan]
décharge (f)	партовгоҳ	[partovgoh]

cabine (f) téléphonique	будкаи телефон	[budkai telefon]
réverbère (m)	сутуни фонус	[sutuni fonus]
banc (m)	нимкат	[nimkat]

policier (m)	полис	[polis]
police (f)	полис	[polis]
clochard (m)	гадо	[gado]
sans-abri (m)	бехона	[bexona]

76. Les institutions urbaines

magasin (m)	магазин	[magazin]
pharmacie (f)	дорухона	[doruxona]
opticien (m)	оптика	[optika]
centre (m) commercial	маркази савдо	[markazi savdo]
supermarché (m)	супермаркет	[supermarket]

boulangerie (f)	дӯкони нонфурӯшӣ	[dœkoni nonfurœʃi:]
boulanger (m)	нонвой	[nonvoj]
pâtisserie (f)	қаннодӣ	[qannodi:]
épicerie (f)	дӯкони баққолӣ	[dœkoni baqqoli:]
boucherie (f)	дӯкони гӯштфурӯшӣ	[dœkoni gœʃtfurœʃi:]

| magasin (m) de légumes | дӯкони сабзавот | [dœkoni sabzavot] |
| marché (m) | бозор | [bozor] |

salon (m) de café	қаҳвахона	[qahvaxona]
restaurant (m)	тарабхона	[tarabxona]
brasserie (f)	пивохона	[pivoxona]
pizzeria (f)	питсерия	[pitserija]

salon (m) de coiffure	сартарошхона	[sartaroʃxona]
poste (f)	пӯшта	[pœʃta]
pressing (m)	козургарии химиявӣ	[kozurgari:i ximijavi:]

| atelier (m) de photo | суратгирхона | [suratgirxona] |
| magasin (m) de chaussures | магазини пойафзолфурӯшӣ | [magazini pojafzolfurœʃi:] |

| librairie (f) | мағозаи китоб | [maʁozai kitob] |
| magasin (m) d'articles de sport | мағозаи варзишй | [maʁozai varziʃi:] |

atelier (m) de retouche	таъмири либос	[ta'miri libos]
location (f) de vêtements	кирояи либос	[kirojai libos]
location (f) de films	кирояи филмхо	[kirojai filmho]

cirque (m)	сирк	[sirk]
zoo (m)	боғи ҳайвонот	[boʁi hajvonot]
cinéma (m)	кинотеатр	[kinoteatr]
musée (m)	осорхона	[osorχona]
bibliothèque (f)	китобхона	[kitobχona]

théâtre (m)	театр	[teatr]
opéra (m)	опера	[opera]
boîte (f) de nuit	клуби шабона	[klubi ʃabona]
casino (m)	казино	[kazino]

mosquée (f)	масҷид	[masdʒid]
synagogue (f)	каниса	[kanisa]
cathédrale (f)	собор	[sobor]
temple (m)	ибодатгоҳ	[ibodatgoh]
église (f)	калисо	[kaliso]

institut (m)	институт	[institut]
université (f)	университет	[universitet]
école (f)	мактаб	[maktab]

préfecture (f)	префектура	[prefektura]
mairie (f)	мэрия	[mɛrija]
hôtel (m)	меҳмонхона	[mehmonχona]
banque (f)	банк	[bank]

ambassade (f)	сафорат	[saforat]
agence (f) de voyages	турагенство	[turagenstvo]
bureau (m) d'information	бюрои справкадиҳӣ	[bjuroi spravkadihi:]
bureau (m) de change	нуқтаи мубодила	[nuqtai mubodila]

| métro (m) | метро | [metro] |
| hôpital (m) | касалхона | [kasalχona] |

| station-service (f) | нуқтаи фурӯши сӯзишвори | [nuqtai furœʃi sœziʃvori:] |

| parking (m) | истгохи мошинхо | [istgohi moʃinho] |

77. Les transports en commun

autobus (m)	автобус	[avtobus]
tramway (m)	трамвай	[tramvaj]
trolleybus (m)	троллейбус	[trollejbus]
itinéraire (m)	маршрут	[marʃrut]
numéro (m)	рақам	[raqam]
prendre ...	савор будан	[savor budan]
monter (dans l'autobus)	савор шудан	[savor ʃudan]

descendre de …	фуромадан	[furomadan]
arrêt (m)	истгоҳ	[istgoh]
arrêt (m) prochain	истгоҳи дигар	[istgohi digar]
terminus (m)	истгоҳи охирон	[istgohi oҳiron]
horaire (m)	ҷадвал	[dӡadval]
attendre (vt)	поидан	[poidan]

| ticket (m) | билет | [bilet] |
| prix (m) du ticket | арзиши чипта | [arziʃi tʃipta] |

caissier (m)	кассир	[kassir]
contrôle (m) des tickets	назорат	[nazorat]
contrôleur (m)	нозир	[nozir]

être en retard	дер мондан	[der mondan]
rater (~ le train)	дер мондан	[der mondan]
se dépêcher	шитоб кардан	[ʃitob kardan]

taxi (m)	такси	[taksi]
chauffeur (m) de taxi	таксичӣ	[taksitʃi:]
en taxi	дар такси	[dar taksi]
arrêt (m) de taxi	истгоҳи таксӣ	[istgohi taksi:]
appeler un taxi	даъват кардани таксӣ	[da'vat kardani taksi:]
prendre un taxi	такси гирифтан	[taksi giriftan]

trafic (m)	ҳаракат дар кӯча	[ħarakat dar kœtʃa]
embouteillage (m)	пробка	[probka]
heures (f pl) de pointe	час пик	[tʃas pik]
se garer (vp)	ҷой кардан	[dӡoj kardan]
garer (vt)	ҷой кардан	[dӡoj kardan]
parking (m)	истгоҳ	[istgoh]

métro (m)	метро	[metro]
station (f)	истгоҳ	[istgoh]
prendre le métro	бо метро рафтан	[bo metro raftan]
train (m)	поезд, қатор	[poezd], [qator]
gare (f)	вокзал	[vokzal]

78. Le tourisme

monument (m)	ҳайкал	[hajkal]
forteresse (f)	ҳисор	[hisor]
palais (m)	қаср	[qasr]
château (m)	кӯшк	[kœʃk]
tour (f)	манора, бурҷ	[manora], [burdӡ]
mausolée (m)	мавзолей, мақбара	[mavzolej], [maqbara]

architecture (f)	меъморӣ	[me'mori:]
médiéval (adj)	асримиёнагӣ	[asrimijɔnagi:]
ancien (adj)	қадим	[qadim]
national (adj)	миллӣ	[milli:]
connu (adj)	маъруф	[ma'ruf]
touriste (m)	саёҳатчӣ	[sajɔhattʃi:]
guide (m) (personne)	роҳбалад	[rohbalad]

excursion (f)	экскурсия	[ɛkskursija]
montrer (vt)	нишон додан	[niʃon dodan]
raconter (une histoire)	нақл кардан	[naql kardan]
trouver (vt)	ёфтан	[jɔftan]
se perdre (vp)	роҳ гум кардан	[roh gum kardan]
plan (m) (du metro, etc.)	накша	[nakʃa]
carte (f) (de la ville, etc.)	нақша	[naqʃa]
souvenir (m)	тӯҳфа	[tœhfa]
boutique (f) de souvenirs	мағозаи туҳфаҳо	[maʁozai tuhfaho]
prendre en photo	сурат гирифтан	[surat giriftan]
se faire prendre en photo	сурати худро гирондан	[surati χudro girondan]

79. Le shopping

acheter (vt)	харидан	[χaridan]
achat (m)	харид	[χarid]
faire des achats	харид кардан	[χarid kardan]
shopping (m)	шопинг	[ʃoping]
être ouvert	кушода будан	[kuʃoda budan]
être fermé	маҳкам будан	[mahkam budan]
chaussures (f pl)	пойафзол	[pojafzol]
vêtement (m)	либос	[libos]
produits (m pl) de beauté	косметика	[kosmetika]
produits (m pl) alimentaires	озуқаворӣ	[ozuqavori:]
cadeau (m)	тӯҳфа	[tœhfa]
vendeur (m)	фурӯш	[furœʃ]
vendeuse (f)	фурӯш	[furœʃ]
caisse (f)	касса	[kassa]
miroir (m)	оина	[oina]
comptoir (m)	пешдӯкон	[peʃdœkon]
cabine (f) d'essayage	ҷои пӯшида дидани либос	[dʒoi pœʃida didani libos]
essayer (robe, etc.)	пӯшида дидан	[pœʃida didan]
aller bien (robe, etc.)	мувофиқ омадан	[muvofiq omadan]
plaire (être apprécié)	форидан	[foridan]
prix (m)	нарх	[narχ]
étiquette (f) de prix	нархнома	[narχnoma]
coûter (vt)	арзидан	[arzidan]
Combien?	Чанд пул?	[tʃand pul]
rabais (m)	тахфиф	[taχfif]
pas cher (adj)	арзон	[arzon]
bon marché (adj)	арзон	[arzon]
cher (adj)	қимат	[qimat]
C'est cher	Ин қимат аст	[in qimat ast]
location (f)	кироя	[kiroja]
louer (une voiture, etc.)	насия гирифтан	[nasija giriftan]

| crédit (m) | қарз | [qarz] |
| à crédit (adv) | кредит гирифтан | [kredit giriftan] |

80. L'argent

argent (m)	пул	[pul]
échange (m)	мубодила, иваз	[mubodila], [ivaz]
cours (m) de change	қурб	[qurb]
distributeur (m)	банкомат	[bankomat]
monnaie (f)	танга	[tanga]

dollar (m)	доллар	[dollar]
lire (f)	лираи италиявӣ	[lirai italijavi:]
mark (m) allemand	маркаи олмонӣ	[markai olmoni:]
franc (m)	франк	[frank]
livre sterling (f)	фунт стерлинг	[funt sterling]
yen (m)	иена	[iena]

dette (f)	қарз	[qarz]
débiteur (m)	қарздор	[qarzdor]
prêter (vt)	қарз додан	[qarz dodan]
emprunter (vt)	қарз гирифтан	[qarz giriftan]

banque (f)	банк	[bank]
compte (m)	ҳисоб	[hisob]
verser (dans le compte)	гузарондан	[guzarondan]
verser dans le compte	ба суратҳисоб гузарондан	[ba surathisob guzarondan]
retirer du compte	аз суратҳисоб гирифтан	[az surathisob giriftan]

carte (f) de crédit	корти кредитӣ	[korti krediti:]
espèces (f pl)	пули нақд, нақдина	[puli naqd], [naqdina]
chèque (m)	чек	[ʧek]
faire un chèque	чек навиштан	[ʧek naviʃtan]
chéquier (m)	дафтарчаи чек	[daftarʧai ʧek]

portefeuille (m)	ҳамён	[hamjɔn]
bourse (f)	ҳамён	[hamjɔn]
coffre fort (m)	сейф	[sejf]

héritier (m)	меросхӯр	[merosχœr]
héritage (m)	мерос	[meros]
fortune (f)	дорой	[doroi:]

location (f)	иҷора	[idʒora]
loyer (m) (argent)	ҳаққи манзил	[haqqi manzil]
louer (prendre en location)	ба иҷора гирифтан	[ba idʒora giriftan]

prix (m)	нарх	[narχ]
coût (m)	арзиш	[arziʃ]
somme (f)	маблағ	[mablaʁ]

dépenser (vt)	сарф кардан	[sarf kardan]
dépenses (f pl)	харҷ, ҳазина	[χardʒ], [hazina]
économiser (vt)	сарфа кардан	[sarfa kardan]

économe (adj)	сарфакор	[sarfakor]
payer (régler)	пул додан	[pul dodan]
paiement (m)	пардохт	[pardoχt]
monnaie (f) (rendre la ~)	бақияи пул	[baqijai pul]

impôt (m)	налог, андоз	[nalog], [andoz]
amende (f)	ҷарима	[dʒarima]
mettre une amende	ҷарима андохтан	[dʒarima andoχtan]

81. La poste. Les services postaux

poste (f)	почта	[potʃta]
courrier (m) (lettres, etc.)	почта	[potʃta]
facteur (m)	хаткашон	[χatkaʃon]
heures (f pl) d'ouverture	соати корӣ	[soati kori:]

lettre (f)	мактуб	[maktub]
recommandé (m)	хати супоришӣ	[χati suporiʃi:]
carte (f) postale	руқъа	[ruq'a]
télégramme (m)	барқия	[barqija]
colis (m)	равонак	[ravonak]
mandat (m) postal	пули фиристодашуда	[puli firistodaʃuda]

recevoir (vt)	гирифтан	[giriftan]
envoyer (vt)	ирсол кардан	[irsol kardan]
envoi (m)	ирсол	[irsol]

adresse (f)	адрес, унвон	[adres], [unvon]
code (m) postal	индекси почта	[indeksi potʃta]
expéditeur (m)	ирсолкунанда	[irsolkunanda]
destinataire (m)	гиранда	[giranda]

prénom (m)	ном	[nom]
nom (m) de famille	фамилия	[familija]

tarif (m)	таърифа	[ta'rifa]
normal (adj)	муқаррарӣ	[muqarrari:]
économique (adj)	камхарҷ	[kamχardʒ]

poids (m)	вазн	[vazn]
peser (~ les lettres)	баркашидан	[barkaʃidan]
enveloppe (f)	конверт	[konvert]
timbre (m)	марка	[marka]
timbrer (vt)	марка часпонидан	[marka tʃasponidan]

Le logement. La maison. Le foyer

82. La maison. Le logis

maison (f)	хона	[χona]
chez soi	дар хона	[dar χona]
cour (f)	ҳавлй	[havli:]
clôture (f)	панҷара	[pandʒara]
brique (f)	хишт	[χiʃt]
en brique (adj)	хиштӣ, … и хишт	[χiʃti:], [i χiʃt]
pierre (f)	санг	[sang]
en pierre (adj)	сангин	[sangin]
béton (m)	бетон	[beton]
en béton (adj)	бетонӣ	[betoni:]
neuf (adj)	нав	[nav]
vieux (adj)	кӯҳна	[kœhna]
délabré (adj)	фарсуда	[farsuda]
moderne (adj)	ҳамасr, муосир	[hamasr], [muosir]
à plusieurs étages	серошёна	[seroʃɔna]
haut (adj)	баланд	[baland]
étage (m)	қабат, ошёна	[qabat], [oʃɔna]
sans étage (adj)	якошёна	[jakoʃɔna]
rez-de-chaussée (m)	ошёнаи поён	[oʃɔnai pojɔn]
dernier étage (m)	ошёнаи боло	[oʃɔnai bolo]
toit (m)	бом	[bom]
cheminée (f)	мӯрии дудкаш	[mœri:i dudkaʃ]
tuile (f)	сафоли бомпӯшӣ	[safoli bompœʃi:]
en tuiles (adj)	… и сафоли бомпӯшӣ	[i safoli bompœʃi:]
grenier (m)	чердак	[tʃerdak]
fenêtre (f)	тиреза	[tireza]
vitre (f)	шиша, оина	[ʃiʃa], [oina]
rebord (m)	зертахтаи тиреза	[zertaχtai tireza]
volets (m pl)	дари пушти тиреза	[dari puʃti tireza]
mur (m)	девор	[devor]
balcon (m)	балкон	[balkon]
gouttière (f)	тарнов, новадон	[tarnov], [novadon]
en haut (à l'étage)	дар боло	[dar bolo]
monter (vi)	баромадан	[baromadan]
descendre (vi)	фуромадан	[furomadan]
déménager (vi)	кӯчидан	[kœtʃidan]

83. La maison. L'entrée. L'ascenseur

entrée (f)	даромадгоҳ	[daromadgoh]
escalier (m)	зина, зинапоя	[zina], [zinapoja]
marches (f pl)	зинаҳо	[zinaho]
rampe (f)	панҷара	[panʤara]
hall (m)	толор	[tolor]
boîte (f) à lettres	қуттии почта	[qutti:i potʃta]
poubelle (f) d'extérieur	қуттии партов	[qutti:i partov]
vide-ordures (m)	қубури ахлот	[quburi aχlot]
ascenseur (m)	лифт	[lift]
monte-charge (m)	лифти боркаш	[lifti borkaʃ]
cabine (f)	лифт	[lift]
prendre l'ascenseur	ба лифт рафтан	[ba lift raftan]
appartement (m)	манзил	[manzil]
locataires (m pl)	истиқоматкунандагон	[istiqomatkunandagon]
voisin (m)	ҳамсоя	[hamsoja]
voisine (f)	ҳамсоязан	[hamsojazan]
voisins (m pl)	ҳамсояҳо	[hamsojaho]

84. La maison. La porte. La serrure

porte (f)	дар	[dar]
portail (m)	дарвоза	[darvoza]
poignée (f)	дастак	[dastak]
déverrouiller (vt)	кушодан	[kuʃodan]
ouvrir (vt)	кушодан	[kuʃodan]
fermer (vt)	пӯшидан, бастан	[pœʃidan], [bastan]
clé (f)	калид	[kalid]
trousseau (m), jeu (m)	даста	[dasta]
grincer (la porte)	ғичиррос задан	[ʁidʒirros zadan]
grincement (m)	ғичиррос	[ʁidʒirros]
gond (m)	ошиқ-маъшуқ	[oʃiq-ma'ʃuq]
paillasson (m)	пойандоз	[pojandoz]
serrure (f)	қулф	[qulf]
trou (m) de la serrure	сӯрохи қулф	[sœroχi qulf]
verrou (m)	ликаки дар	[likaki dar]
loquet (m)	ғалақаи дар	[ʁalaqai dar]
cadenas (m)	қулфи овезон	[qulfi ovezon]
sonner (à la porte)	занг задан	[zang zadan]
sonnerie (f)	занг	[zang]
sonnette (f)	занг	[zang]
bouton (m)	кнопка	[knopka]
coups (m pl) à la porte	тақ-тақ	[taq-taq]
frapper (~ à la porte)	тақ-тақ кардан	[taq-taq kardan]

code (m)	рамз, код	[ramz], [kod]
serrure (f) à combinaison	кулфи коддор	[qulfi koddor]
interphone (m)	домофон	[domofon]
numéro (m)	рақам	[raqam]
plaque (f) de porte	чадвалча	[dʒadvaltʃa]
judas (m)	чашмаки дар	[tʃaʃmaki dar]

85. La maison de campagne

village (m)	деҳа, деҳ	[deha], [deh]
potager (m)	обчакорӣ	[obtʃakori:]
palissade (f)	девор	[devor]
clôture (f)	панчара, деворча	[pandʒara], [devortʃa]
portillon (m)	дарича	[daritʃa]
grange (f)	анбор	[anbor]
cave (f)	таҳхона	[tahχona]
abri (m) de jardin	анбор	[anbor]
puits (m)	чоҳ	[tʃoh]
poêle (m) (~ à bois)	оташдон	[otaʃdon]
chauffer le poêle	ба печка алав мондан	[ba petʃka alav mondan]
bois (m) de chauffage	ҳезум	[hezum]
bûche (f)	тароша	[taroʃa]
véranda (f)	айвон, пешайвон	[ajvon], [peʃajvon]
terrasse (f)	пешайвон	[peʃajvon]
perron (m) d'entrée	айвон	[ajvon]
balançoire (f)	арғунчак	[arʁuntʃak]

86. Le château. Le palais

château (m)	кӯшк	[kœʃk]
palais (m)	қаср	[qasr]
forteresse (f)	ҳисор	[hisor]
muraille (f)	девор	[devor]
tour (f)	манора, бурч	[manora], [burdʒ]
donjon (m)	бурчи асосӣ	[burdʒi asosi:]
herse (f)	панчараи болошаванда	[pandʒarai boloʃavanda]
souterrain (m)	роҳи зеризаминӣ	[rohi zerizamini:]
douve (f)	хандақ	[χandaq]
chaîne (f)	занчир	[zandʒir]
meurtrière (f)	почанг	[potʃang]
magnifique (adj)	бошукӯҳ, боҳашамат	[boʃukœh], [bohaʃamat]
majestueux (adj)	боазамат, чалил	[boazamat], [dʒalil]
inaccessible (adj)	фатҳнопазир	[fathnopazir]
médiéval (adj)	асримиёнагӣ	[asrimijɔnagi:]

87. L'appartement

appartement (m)	манзил	[manzil]
chambre (f)	хона, ӯток	[χona], [œtoq]
chambre (f) à coucher	хонаи хоб	[χonai χob]
salle (f) à manger	хонаи хӯрокхӯрй	[χonai χœrokχœri:]
salon (m)	меҳмонхона	[mehmonχona]
bureau (m)	уток	[utoq]
antichambre (f)	мадхал, даҳлез	[madχal], [dahlez]
salle (f) de bains	ваннахона	[vannaχona]
toilettes (f pl)	ҳоҷатхона	[hoʤatχona]
plafond (m)	шифт	[ʃift]
plancher (m)	фарш	[farʃ]
coin (m)	кунҷ	[kunʤ]

88. L'appartement. Le ménage

faire le ménage	рӯбучин кардан	[rœbutʃin kardan]
ranger (jouets, etc.)	ғундошта гирифтан	[ʁundoʃta giriftan]
poussière (f)	чанг	[tʃang]
poussiéreux (adj)	пурчанг	[purtʃang]
essuyer la poussière	чанг гирифтан	[tʃang giriftan]
aspirateur (m)	чангкашак	[tʃangkaʃak]
passer l'aspirateur	чанг кашидан	[tʃang kaʃidan]
balayer (vt)	рӯфтан	[rœftan]
balayures (f pl)	ахлот	[aχlot]
ordre (m)	тартиб	[tartib]
désordre (m)	бетартибй	[betartibi:]
balai (m) à franges	пайкора	[pajkora]
torchon (m)	латта	[latta]
balayette (f) de sorgho	ҷорӯб	[ʤorœb]
pelle (f) à ordures	хокандози ахлот	[χokandozi aχlot]

89. Les meubles. L'intérieur

meubles (m pl)	мебел	[mebel]
table (f)	миз	[miz]
chaise (f)	курсй	[kursi:]
lit (m)	кат	[kat]
canapé (m)	диван	[divan]
fauteuil (m)	курсй	[kursi:]
bibliothèque (f) (meuble)	чевони китобмонй	[ʤevoni kitobmoni:]
rayon (m)	раф, рафча	[raf], [raftʃa]
armoire (f)	чевони либос	[ʤevoni libos]
patère (f)	либосовезак	[libosovezak]

portemanteau (m)	либосовезак	[libosovezak]
commode (f)	чевон	[dʒevon]
table (f) basse	мизи қахва	[mizi qahva]
miroir (m)	оина	[oina]
tapis (m)	гилем, қолин	[gilem], [qolin]
petit tapis (m)	гилемча	[gilemtʃa]
cheminée (f)	оташдон	[otaʃdon]
bougie (f)	шамъ	[ʃam']
chandelier (m)	шамъдон	[ʃam'don]
rideaux (m pl)	парда	[parda]
papier (m) peint	зардеворй	[zardevori:]
jalousie (f)	жалюзи	[ʒaljuzi]
lampe (f) de table	чароги мизй	[tʃaroʁi mizi:]
applique (f)	чароғак	[tʃaroʁak]
lampadaire (m)	торшер	[torʃer]
lustre (m)	қандил	[qandil]
pied (m) (~ de la table)	поя	[poja]
accoudoir (m)	оринҷмонаки курсй	[orindʒmonaki kursi:]
dossier (m)	пуштаки курсй	[puʃtaki kursi:]
tiroir (m)	ғаладон	[ʁaladon]

90. La literie

linge (m) de lit	чилдхои болишту бистар	[dʒildhoi boliʃtu bistar]
oreiller (m)	болишт	[boliʃt]
taie (f) d'oreiller	чилди болишт	[dʒildi boliʃt]
couverture (f)	кӯрпа	[kœrpa]
drap (m)	чойпӯш	[dʒojpœʃ]
couvre-lit (m)	болопӯш	[bolopœʃ]

91. La cuisine

cuisine (f)	ошхона	[oʃχona]
gaz (m)	газ	[gaz]
cuisinière (f) à gaz	плитаи газ	[plitai gaz]
cuisinière (f) électrique	плитаи электрикй	[plitai ɛlektriki:]
four (m) micro-ondes	микроволновка	[mikrovolnovka]
réfrigérateur (m)	яхдон	[jaχdon]
congélateur (m)	яхдон	[jaχdon]
lave-vaisselle (m)	мошини зарфшӯй	[moʃini zarfʃœj]
hachoir (m) à viande	мошини гӯшткӯбй	[moʃini gœʃtkœbi:]
centrifugeuse (f)	шарбатафшурак	[ʃarbatafʃurak]
grille-pain (m)	тостер	[toster]
batteur (m)	миксер	[mikser]
machine (f) à café	қахвачӯшонак	[qahvadʒœʃonak]

cafetière (f)	зарфи қаҳвачӯшонӣ	[zarfi qahvadʒœʃoni:]
moulin (m) à café	дастоси қаҳва	[dastosi qahva]
bouilloire (f)	чойник	[tʃojnik]
théière (f)	чойник	[tʃojnik]
couvercle (m)	сарпӯш	[sarpœʃ]
passoire (f) à thé	ғалберча	[ʁalbertʃa]
cuillère (f)	қошуқ	[qoʃuq]
petite cuillère (f)	чойкошук	[tʃojkoʃuk]
cuillère (f) à soupe	қошуқи ошхӯрӣ	[qoʃuqi oʃxœri:]
fourchette (f)	чангча, чангол	[tʃangtʃa], [tʃangol]
couteau (m)	корд	[kord]
vaisselle (f)	табақ	[tabaq]
assiette (f)	тақсимча	[taqsimtʃa]
soucoupe (f)	тақсимӣ, тақсимича	[taqsimi:], [taqsimitʃa]
verre (m) à shot	рюмка	[rjumka]
verre (m) (~ d'eau)	стакан	[stakan]
tasse (f)	косача	[kosatʃa]
sucrier (m)	шакардон	[ʃakardon]
salière (f)	намакдон	[namakdon]
poivrière (f)	қаламфурдон	[qalamfurdon]
beurrier (m)	равғандон	[ravʁandon]
casserole (f)	дегча	[degtʃa]
poêle (f)	тоба	[toba]
louche (f)	кафлез, обгардон, сархумӣ	[kaflez], [obgardon], [sarxumi:]
plateau (m)	лаълӣ	[la'li:]
bouteille (f)	шиша, сурохӣ	[ʃiʃa], [surohi:]
bocal (m) (à conserves)	банкаи шишагӣ	[bankai ʃiʃagi:]
boîte (f) en fer-blanc	банкаи тунукагӣ	[bankai tunukagi:]
ouvre-bouteille (m)	саркушояк	[sarkuʃojak]
ouvre-boîte (m)	саркушояк	[sarkuʃojak]
tire-bouchon (m)	пӯккашак	[pœkkaʃak]
filtre (m)	филтр	[filtr]
filtrer (vt)	полоидан	[poloidan]
ordures (f pl)	ахлот	[axlot]
poubelle (f)	сатили ахлот	[satili axlot]

92. La salle de bains

salle (f) de bains	ваннахона	[vannaxona]
eau (f)	об	[ob]
robinet (m)	чуммак, мил	[dʒummak], [mil]
eau (f) chaude	оби гарм	[obi garm]
eau (f) froide	оби сард	[obi sard]
dentifrice (m)	хамираи дандон	[xamirai dandon]

se brosser les dents	дандон шустан	[dandon ʃustan]
brosse (f) à dents	чӯткаи дандоншӯй	[tʃœtkai dandonʃœi:]
se raser (vp)	риш гирифтан	[riʃ giriftan]
mousse (f) à raser	кафки ришгирй	[kafki riʃgiri:]
rasoir (m)	ришгирак	[riʃgirak]
laver (vt)	шустан	[ʃustan]
se laver (vp)	шустушӯ кардан	[ʃustuʃœ kardan]
prendre une douche	ба душ даромадан	[ba duʃ daromadan]
baignoire (f)	ванна	[vanna]
cuvette (f)	нишастгоҳи халочо	[niʃastgohi χalodʒo]
lavabo (m)	дастшӯяк	[dastʃœjak]
savon (m)	собун	[sobun]
porte-savon (m)	собундон	[sobundon]
éponge (f)	исфанч	[isfandʒ]
shampooing (m)	шампун	[ʃampun]
serviette (f)	сачоқ	[satʃoq]
peignoir (m) de bain	халат	[χalat]
lessive (f) (faire la ~)	чомашӯй	[dʒomaʃœi:]
machine (f) à laver	мошини чомашӯй	[moʃini dʒomaʃœi:]
faire la lessive	чомашӯй кардан	[dʒomaʃœi: kardan]
lessive (f) (poudre)	хокаи чомашӯй	[χokai dʒomaʃœi:]

93. Les appareils électroménagers

téléviseur (m)	телевизор	[televizor]
magnétophone (m)	магнитафон	[magnitafon]
magnétoscope (m)	видеомагнитафон	[videomagnitafon]
radio (f)	радио	[radio]
lecteur (m)	плеер	[pleer]
vidéoprojecteur (m)	видеопроектор	[videoproektor]
home cinéma (m)	кинотеатри хонагй	[kinoteatri χonagi:]
lecteur DVD (m)	DVD-монак	[ɛøɛ-monak]
amplificateur (m)	қувватафзо	[quvvatafzo]
console (f) de jeux	плейстейшн	[plejstejʃn]
caméscope (m)	видеокамера	[videokamera]
appareil (m) photo	фотоаппарат	[fotoapparat]
appareil (m) photo numérique	суратгираки рақамӣ	[suratgiraki raqami:]
aspirateur (m)	чангкашак	[tʃangkaʃak]
fer (m) à repasser	дарзмол	[darzmol]
planche (f) à repasser	тахтаи дарзмолкунй	[taχtai darzmolkuni:]
téléphone (m)	телефон	[telefon]
portable (m)	телефони мобилй	[telefoni mobili:]
machine (f) à écrire	мошинаи хатнависй	[moʃinai χatnavisi:]
machine (f) à coudre	мошинаи чокдӯзй	[moʃinai tʃokdœzi:]

micro (m)	микрофон	[mikrofon]
écouteurs (m pl)	гӯшак, гӯшпӯшак	[gœʃak], [gœʃpœʃak]
télécommande (f)	пулт	[pult]
CD (m)	компакт-диск	[kompakt-disk]
cassette (f)	кассета	[kasseta]
disque (m) (vinyle)	пластинка	[plastinka]

94. Les travaux de réparation et de rénovation

rénovation (f)	таъмир, тармим	[ta'mir], [tarmim]
faire la rénovation	таъмир кардан	[ta'mir kardan]
réparer (vt)	таъмир кардан	[ta'mir kardan]
remettre en ordre	ба тартиб андохтан	[ba tartib andoxtan]
refaire (vt)	дубора хохтан	[dubora xoxtan]
peinture (f)	ранг	[rang]
peindre (des murs)	ранг кардан	[rang kardan]
peintre (m) en bâtiment	рангзан, рангмол	[rangzan], [rangmol]
pinceau (m)	мӯқалам	[mœqalam]
chaux (f)	қабати оҳак	[qabati ohak]
blanchir à la chaux	сафед кардан	[safed kardan]
papier (m) peint	зардеворй	[zardevori:]
tapisser (vt)	зардеворй часпондан	[zardevori: tʃaspondan]
vernis (m)	лок	[lok]
vernir (vt)	лок задан	[lok zadan]

95. La plomberie

eau (f)	об	[ob]
eau (f) chaude	оби гарм	[obi garm]
eau (f) froide	оби сард	[obi sard]
robinet (m)	чуммак, мил	[dʒummak], [mil]
goutte (f)	катра	[katra]
goutter (vi)	чакидан	[tʃakidan]
fuir (tuyau)	чакидан	[tʃakidan]
fuite (f)	сӯрох будан	[sœrox budan]
flaque (f)	кӯлмак	[kœlmak]
tuyau (m)	қубур	[qubur]
valve (f)	вентил	[ventil]
se boucher (vp)	аз чирк маҳкам шудан	[az tʃirk mahkam ʃudan]
outils (m pl)	асбобу анчом	[asbobu andʒom]
clé (f) réglable	калиди бозшаванда	[kalidi bozʃavanda]
dévisser (vt)	тоб дода кушодан	[tob doda kuʃodan]
visser (vt)	тофтан, тоб додан	[toftan], [tob dodan]
déboucher (vt)	тоза кардан	[toza kardan]
plombier (m)	сантехник	[santexnik]

sous-sol (m)	таҳхона	[tahχona]
égouts (m pl)	канализатсия	[kanalizatsija]

96. L'incendie

feu (m)	оташ	[otaʃ]
flamme (f)	шӯъла	[ʃœ'la]
étincelle (f)	шарора	[ʃarora]
flambeau (m)	машъал	[maʃ'al]
feu (m) de bois	гулхан	[gulχan]
essence (f)	бензин	[benzin]
kérosène (m)	карасин	[karasin]
inflammable (adj)	сӯзанда	[sœzanda]
explosif (adj)	тарканда	[tarkanda]
DÉFENSE DE FUMER	ТАМОКУ НАКАШЕД!	[tamoku nakaʃed]
sécurité (f)	бехатарӣ	[beχatari:]
danger (m)	хатар	[χatar]
dangereux (adj)	хатарнок	[χatarnok]
prendre feu	даргирифтан	[dargiriftan]
explosion (f)	таркиш, таркидан	[tarkiʃ], [tarkidan]
mettre feu	оташ задан	[otaʃ zadan]
incendiaire (m)	оташзананда	[otaʃzananda]
incendie (m) prémédité	оташ задан	[otaʃ zadan]
flamboyer (vi)	аланга задан	[alanga zadan]
brûler (vi)	сӯхтан	[sœχtan]
brûler complètement	сӯхтан	[sœχtan]
appeler les pompiers	даъват кардани сӯхторхомӯшкунҳо	[da'vat kardani sœχtorχomœʃkunho]
pompier (m)	сӯхторхомӯшкун	[sœχtorχomœʃkun]
voiture (f) de pompiers	мошини сӯхторхомӯшкунӣ	[moʃini sœχtorχomœʃkuni:]
sapeurs-pompiers (pl)	дастаи сӯхторхомӯшкунҳо	[dastai sœχtorχomœʃkunho]
échelle (f) des pompiers	зинапояи дарозшаванда	[zinapojai darozʃavanda]
tuyau (m) d'incendie	рӯда	[rœda]
extincteur (m)	оташнишон	[otaʃniʃon]
casque (m)	тоскулоҳ	[toskuloh]
sirène (f)	бурғу	[burʁu]
crier (vi)	дод задан	[dod zadan]
appeler au secours	ба ёрӣ чеғ задан	[ba jori: ʤeʁ zadan]
secouriste (m)	наҷотдиҳанда	[naʤotdihanda]
sauver (vt)	наҷот додан	[naʤot dodan]
venir (vi)	расидан	[rasidan]
éteindre (feu)	хомӯш кардан	[χomœʃ kardan]
eau (f)	об	[ob]
sable (m)	рег	[reg]
ruines (f pl)	харобот	[χarobot]

tomber en ruine	гумбуррос зада афтодан	[gumburros zada aftodan]
s'écrouler (vp)	ғалтидан	[ʁaltidan]
s'effondrer (vp)	чӯкидан	[tʃœkidan]
morceau (m) (de mur, etc.)	шикастпора	[ʃikastpora]
cendre (f)	хокистар	[χokistar]
mourir étouffé	нафас гашта мурдан	[nafas gaʃta murdan]
périr (vi)	вафот кардан	[vafot kardan]

LES ACTIVITÉS HUMAINS

Le travail. Les affaires. Partie 1

97. Les opérations bancaires

banque (f)	банк	[bank]
agence (f) bancaire	шӯъба	[ʃœˈba]
conseiller (m)	мушовир	[muʃovir]
gérant (m)	идоракунанда	[idorakunanda]
compte (m)	ҳисоб	[hisob]
numéro (m) du compte	рақами суратҳисоб	[raqami surathisob]
compte (m) courant	ҳисоби ҷорй	[hisobi dʒori:]
compte (m) sur livret	суратҳисоби ҷамъшаванда	[surathisobi dʒamˈʃavanda]
ouvrir un compte	суратҳисоб кушодан	[surathisob kuʃodan]
clôturer le compte	бастани суратҳисоб	[bastani surathisob]
verser dans le compte	ба суратҳисоб гузарондан	[ba surathisob guzarondan]
retirer du compte	аз суратҳисоб гирифтан	[az surathisob giriftan]
dépôt (m)	амонат	[amonat]
faire un dépôt	маблағ гузоштан	[mablaʁ guzoʃtan]
virement (m) bancaire	интиқоли маблағ	[intiqoli mablaʁ]
faire un transfert	интиқол додан	[intiqol dodan]
somme (f)	маблағ	[mablaʁ]
Combien?	Чй қадар?	[tʃi: qadar]
signature (f)	имзо	[imzo]
signer (vt)	имзо кардан	[imzo kardan]
carte (f) de crédit	корти кредитй	[korti krediti:]
code (m)	рамз, код	[ramz], [kod]
numéro (m) de carte de crédit	рақами корти кредитй	[raqami korti krediti:]
distributeur (m)	банкомат	[bankomat]
chèque (m)	чек	[tʃek]
faire un chèque	чек навиштан	[tʃek naviʃtan]
chéquier (m)	дафтарчаи чек	[daftartʃai tʃek]
crédit (m)	қарз	[qarz]
demander un crédit	барои кредит мурочиат кардан	[baroi kredit murodʒiat kardan]
prendre un crédit	кредит гирифтан	[kredit giriftan]
accorder un crédit	кредит додан	[kredit dodan]
gage (m)	кафолат, замонат	[kafolat], [zamonat]

98. Le téléphone. La conversation téléphonique

téléphone (m)	телефон	[telefon]
portable (m)	телефони мобилӣ	[telefoni mobili:]
répondeur (m)	худчавобгӯ	[χuddʒavobgœ]
téléphoner, appeler	телефон кардан	[telefon kardan]
appel (m)	занг	[zang]
composer le numéro	гирифтани рақамхо	[giriftani raqamho]
Allô!	алло, ҳа	[allo], [ha]
demander (~ l'heure)	пурсидан	[pursidan]
répondre (vi, vt)	ҷавоб додан	[dʒavob dodan]
entendre (bruit, etc.)	шунидан	[ʃunidan]
bien (adv)	хуб, наӻз	[χub], [naʁz]
mal (adv)	бад	[bad]
bruits (m pl)	садоҳои бегона	[sadohoi begona]
récepteur (m)	гӯшак	[gi:ʃak]
décrocher (vt)	бардоштани гӯшак	[bardoʃtani gœʃak]
raccrocher (vi)	мондани гӯшак	[mondani gœʃak]
occupé (adj)	банд	[band]
sonner (vi)	занг задан	[zang zadan]
carnet (m) de téléphone	китоби телефон	[kitobi telefon]
local (adj)	маҳаллӣ	[mahalli:]
appel (m) local	занги маҳаллӣ	[zangi mahalli:]
interurbain (adj)	байнишаҳрӣ	[bajniʃahri:]
appel (m) interurbain	занги байнишаҳрӣ	[zangi bajniʃahri:]
international (adj)	байналхалқӣ	[bajnalχalqi:]

99. Le téléphone portable

portable (m)	телефони мобилӣ	[telefoni mobili:]
écran (m)	дисплей	[displej]
bouton (m)	тугмача	[tugmatʃa]
carte SIM (f)	сим-корт	[sim-kort]
pile (f)	батарея	[batareja]
être déchargé	бе заряд шудан	[be zarjad ʃudan]
chargeur (m)	асбоби барқпуркунанда	[asbobi barqpurkunanda]
menu (m)	меню	[menju]
réglages (m pl)	соз кардан	[soz kardan]
mélodie (f)	оҳанг	[ohang]
sélectionner (vt)	интихоб кардан	[intiχob kardan]
calculatrice (f)	ҳисобкунак	[hisobkunak]
répondeur (m)	худчавобгӯ	[χuddʒavobgœ]
réveil (m)	соати рӯимизии зангдор	[soati rœimizi:i zangdor]
contacts (m pl)	китоби телефон	[kitobi telefon]

| SMS (m) | СМС-хабар | [sms-χabar] |
| abonné (m) | муштарй | [muʃtari:] |

100. La papeterie

| stylo (m) à bille | ручкаи саққочадор | [rutʃkai saqqotʃador] |
| stylo (m) à plume | парқалам | [parqalam] |

crayon (m)	қалам	[qalam]
marqueur (m)	маркер	[marker]
feutre (m)	фломастер	[flomaster]

| bloc-notes (m) | блокнот, дафтари ёддошт | [bloknot], [daftari jɔddoʃt] |
| agenda (m) | рӯзнома | [rœznoma] |

règle (f)	чадвал	[dʒadval]
calculatrice (f)	ҳисобкунак	[hisobkunak]
gomme (f)	ластик	[lastik]
punaise (f)	кнопка	[knopka]
trombone (m)	скрепка	[skrepka]

colle (f)	елим, шилм	[elim], [ʃilm]
agrafeuse (f)	степлер	[stepler]
taille-crayon (m)	чарх	[tʃarχ]

Le travail. Les affaires. Partie 2

101. Les médias de masse

journal (m)	рӯзнома	[rœznoma]
revue (f)	мачалла	[madʒalla]
presse (f)	матбуот	[matbuot]
radio (f)	радио	[radio]
station (f) de radio	радиошунавой	[radioʃunavoi:]
télévision (f)	телевизион	[televizion]
animateur (m)	баранда, рохбалад	[baranda], [rohbalad]
présentateur (m) de journaux télévisés	диктор	[diktor]
commentateur (m)	шорех	[ʃoreh]
journaliste (m)	рӯзноманигор	[rœznomanigor]
correspondant (m)	мухбир	[muχbir]
reporter photographe (m)	фотомухбир	[fotomuχbir]
reporter (m)	хабарнигор	[χabarnigor]
rédacteur (m)	мухаррир	[muharrir]
rédacteur (m) en chef	сармухаррир	[sarmuharrir]
s'abonner (vp)	обуна шудан	[obuna ʃudan]
abonnement (m)	обуна	[obuna]
abonné (m)	обуначй	[obunatʃi:]
lire (vi, vt)	хондан	[χondan]
lecteur (m)	хонанда	[χonanda]
tirage (m)	тираж	[tiraʒ]
mensuel (adj)	хармоха	[harmoha]
hebdomadaire (adj)	хафтаина	[haftaina]
numéro (m)	шумора	[ʃumora]
nouveau (~ numéro)	нав	[nav]
titre (m)	сарлавха	[sarlavha]
entrefilet (m)	хабар	[χabar]
rubrique (f)	сарлавха	[sarlavha]
article (m)	макола	[makola]
page (f)	сахифа	[sahifa]
reportage (m)	хабарнигорй	[χabarnigori:]
événement (m)	вокеа, ходиса	[voqea], [hodisa]
sensation (f)	хангома	[hangoma]
scandale (m)	чанчол	[dʒandʒol]
scandaleux	чанчолй	[dʒandʒoli:]
grand (~ scandale)	овозадор	[ovozador]
émission (f)	намоиш	[namoiʃ]
interview (f)	мусохиба	[musohiba]

| émission (f) en direct | намоиши мустақим | [namoiʃi mustaqim] |
| chaîne (f) (~ payante) | канал | [kanal] |

102. L'agriculture

agriculture (f)	хоҷагии қишлоқ	[χodʒagi:i qiʃloq]
paysan (m)	деҳқон	[dehqon]
paysanne (f)	деҳқонзан	[dehqonzan]
fermier (m)	фермер	[fermer]

| tracteur (m) | трактор | [traktor] |
| moissonneuse-batteuse (f) | комбайн | [kombajn] |

charrue (f)	сипор	[sipor]
labourer (vt)	шудгор кардан	[ʃudgor kardan]
champ (m) labouré	шудгор	[ʃudgor]
sillon (m)	огард, чӯяк	[ogard], [dʒœjak]

semer (vt)	коштан, коридан	[koʃtan], [koridan]
semeuse (f)	сеялка	[sejalka]
semailles (f pl)	кишт	[kiʃt]

| faux (f) | пойдос | [pojdos] |
| faucher (vt) | даравидан | [daravidan] |

| pelle (f) | бел | [bel] |
| bêcher (vt) | каланд кардан | [kaland kardan] |

couperet (m)	каландча	[kalandtʃa]
sarcler (vt)	хишова кардан	[χiʃova kardan]
mauvaise herbe (f)	алафи бегона	[alafi begona]

arrosoir (m)	даҳанак	[dahanak]
arroser (plantes)	об мондан	[ob mondan]
arrosage (m)	обмонӣ	[obmoni:]

| fourche (f) | панҷшоха, чоршоха | [pandʒʃoχa], [tʃorʃoχa] |
| râteau (m) | хаскашак | [χaskaʃak] |

engrais (m)	пору	[poru]
engraisser (vt)	пору андохтан	[poru andoχtan]
fumier (m)	пору	[poru]

champ (m)	саҳро	[sahro]
pré (m)	марғзор	[marʁzor]
potager (m)	обчакорӣ	[obtʃakori:]
jardin (m)	боғ	[boʁ]

faire paître	чарондан	[tʃarondan]
berger (m)	подабон	[podabon]
pâturage (m)	чарогоҳ	[tʃarogoh]

| élevage (m) | чорводорӣ | [tʃorvodori:] |
| élevage (m) de moutons | гӯсфандпарварӣ | [gœsfandparvari:] |

plantation (f)	киштзор	[kiʃtzor]
plate-bande (f)	чӯя, пушта	[dʒœja], [puʃta]
serre (f)	гармхона	[garmχona]

| sécheresse (f) | хушксолӣ, хушкӣ | [χuʃksoli:], [χuʃki:] |
| sec (l'été ~) | хушк | [χuʃk] |

grains (m pl)	ғалла, ғалладона	[ʁalla], [ʁalladona]
céréales (f pl)	ғалла, ғалладона	[ʁalla], [ʁalladona]
récolter (vt)	ғундоштан	[ʁundoʃtan]

meunier (m)	осиёбон	[osijɔbon]
moulin (m)	осиё	[osijɔ]
moudre (vt)	орд кардан	[ord kardan]
farine (f)	орд	[ord]
paille (f)	коҳ	[koh]

103. Le BTP et la construction

chantier (m)	бинокорӣ	[binokori:]
construire (vt)	бино кардан	[bino kardan]
ouvrier (m) du bâtiment	бинокор	[binokor]

projet (m)	лоиҳа	[loiha]
architecte (m)	меъмор	[me'mor]
ouvrier (m)	коргар	[korgar]

fondations (f pl)	тахкурсӣ	[taχkursi:]
toit (m)	бом	[bom]
pieu (m) de fondation	поя	[poja]
mur (m)	девор	[devor]

| ferraillage (m) | арматура | [armatura] |
| échafaudage (m) | чӯбу тахтаи сохтумонӣ | [tʃœbu taχtai soχtumoni:] |

béton (m)	бетон	[beton]
granit (m)	хоро	[χoro]
pierre (f)	санг	[sang]
brique (f)	хишт	[χiʃt]

sable (m)	рег	[reg]
ciment (m)	симон	[simon]
plâtre (m)	андова	[andova]
plâtrer (vt)	андова кардан	[andova kardan]
peinture (f)	ранг	[rang]
peindre (des murs)	ранг кардан	[rang kardan]
tonneau (m)	бочка, чалак	[botʃka], [tʃalak]

grue (f)	крани борбардор	[krani borbardor]
monter (vt)	бардоштан	[bardoʃtan]
abaisser (vt)	фуровардан	[furovardan]

| bulldozer (m) | булдозер | [buldozer] |
| excavateur (m) | экскаватор | [ɛkskavator] |

godet (m)	хокандоз	[χokandoz]
creuser (vt)	кандан	[kandan]
casque (m)	тоскулоҳ	[toskuloh]

Les professions. Les métiers

104. La recherche d'emploi. Le licenciement

travail (m)	кор	[kor]
employés (pl)	кадрхо	[kadrho]
personnel (m)	ҳайат	[hajat]
carrière (f)	пешравй дар мансаб	[peʃravi: dar mansab]
perspective (f)	дурнамо	[durnamo]
maîtrise (f)	ҳунар	[hunar]
sélection (f)	интихоб	[intiχob]
agence (f) de recrutement	шӯъбаи кадрхо	[ʃœ'bai kadrho]
C.V. (m)	резюме, сивй	[rezjume], [sivi:]
entretien (m)	сӯҳбат	[sœhbat]
emploi (m) vacant	вазифаи холй	[vazifai χoli:]
salaire (m)	музди меҳнат	[muzdi mehnat]
salaire (m) fixe	моҳона	[mohona]
rémunération (f)	ҳақдиҳӣ	[haqdihi:]
poste (m) (~ évolutif)	вазифа	[vazifa]
fonction (f)	вазифа	[vazifa]
liste (f) des fonctions	худуди вазифа	[hududi vazifa]
occupé (adj)	серкор	[serkor]
licencier (vt)	озод кардан	[ozod kardan]
licenciement (m)	аз кор холй шудан	[az kor χoli: ʃudan]
chômage (m)	бекорй	[bekori:]
chômeur (m)	бекор	[bekor]
retraite (f)	нафақа	[nafaqa]
prendre sa retraite	ба нафақа баромадан	[ba nafaqa baromadan]

105. Les hommes d'affaires

directeur (m)	директор, мудир	[direktor], [mudir]
gérant (m)	идоракунанда	[idorakunanda]
patron (m)	роҳбар, сардор	[rohbar], [sardor]
supérieur (m)	сардор	[sardor]
supérieurs (m pl)	сардорон	[sardoron]
président (m)	президент	[prezident]
président (m) (d'entreprise)	раис	[rais]
adjoint (m)	ҷонишин	[dʒoniʃin]
assistant (m)	ёвар	[jovar]

secrétaire (m, f)	котиб	[kotib]
secrétaire (m, f) personnel	котиби шахсӣ	[kotibi ʃaχsi:]
homme (m) d'affaires	корчаллон	[kortʃallon]
entrepreneur (m)	соҳибкор	[sohibkor]
fondateur (m)	таъсис	[ta'sis]
fonder (vt)	таъсис кардан	[ta'sis kardan]
fondateur (m)	муассис	[muassis]
partenaire (m)	шарик	[ʃarik]
actionnaire (m)	саҳмиядор	[sahmijador]
millionnaire (m)	миллионер	[millioner]
milliardaire (m)	миллиардер	[milliarder]
propriétaire (m)	соҳиб	[sohib]
propriétaire (m) foncier	заминдор	[zamindor]
client (m)	мизоҷ, муштарӣ	[mizodʒ], [muʃtari:]
client (m) régulier	мизоҷи доимӣ	[mizodʒi doimi:]
acheteur (m)	харидор, муштарӣ	[χaridor], [muʃtari:]
visiteur (m)	тамошобин	[tamoʃobin]
professionnel (m)	усто, устод	[usto], [ustod]
expert (m)	мумайиз	[mumajiz]
spécialiste (m)	мутахассис	[mutaχassis]
banquier (m)	соҳиби банк	[sohibi bank]
courtier (m)	брокер	[broker]
caissier (m)	кассир	[kassir]
comptable (m)	бухгалтер	[buχʁalter]
agent (m) de sécurité	посбон	[posbon]
investisseur (m)	маблағгузоранда	[mablaʁguzoranda]
débiteur (m)	қарздор	[qarzdor]
créancier (m)	қарздиҳанда	[qarzdihanda]
emprunteur (m)	вомгир	[vomgir]
importateur (m)	воридгари мол	[voridgari mol]
exportateur (m)	содиргар	[sodirgar]
producteur (m)	истеҳолкунанда	[isteholkunanda]
distributeur (m)	дистрибютор	[distribjutor]
intermédiaire (m)	даллол	[dallol]
conseiller (m)	мушовир	[muʃovir]
représentant (m)	намоянда	[namojanda]
agent (m)	агент	[agent]
agent (m) d'assurances	идораи суғурта	[idorai suʁurta]

106. Les métiers des services

cuisinier (m)	ошпаз	[oʃpaz]
cuisinier (m) en chef	сарошпаз	[saroʃpaz]

boulanger (m)	нонвой	[nonvoj]
barman (m)	бармен	[barmen]
serveur (m)	пешхизмат	[peʃχizmat]
serveuse (f)	пешхизмат	[peʃχizmat]

avocat (m)	адвокат, ҳимоягар	[advokat], [himojagar]
juriste (m)	ҳуқуқшинос	[huquqʃinos]
notaire (m)	нотариус	[notarius]

électricien (m)	барқчй	[barqtʃi:]
plombier (m)	сантехник	[santeχnik]
charpentier (m)	дуредгар	[duredgar]

masseur (m)	масхгар	[mashgar]
masseuse (f)	махсгарзан	[mahsgarzan]
médecin (m)	духтур	[duχtur]

chauffeur (m) de taxi	таксичй	[taksitʃi:]
chauffeur (m)	рононда	[ronanda]
livreur (m)	хаткашон	[χatkaʃon]

femme (f) de chambre	пешхизмат	[peʃχizmat]
agent (m) de sécurité	посбон	[posbon]
hôtesse (f) de l'air	стюардесса	[stjuardessa]

professeur (m)	муаллим	[muallim]
bibliothécaire (m)	китобдор	[kitobdor]
traducteur (m)	тарчумон	[tardʒumon]
interprète (m)	тарчумон	[tardʒumon]
guide (m)	роҳбалад	[rohbalad]

coiffeur (m)	сартарош	[sartaroʃ]
facteur (m)	хаткашон	[χatkaʃon]
vendeur (m)	фурӯш	[furœʃ]

jardinier (m)	боғбон	[boʁbon]
serviteur (m)	хизматгор	[χizmatgor]
servante (f)	хизматгорзан	[χizmatgorzan]
femme (f) de ménage	фаррошзан	[farroʃzan]

107. Les professions militaires et leurs grades

soldat (m) (grade)	аскари қаторй	[askari qatori:]
sergent (m)	сержант	[serʒant]
lieutenant (m)	лейтенант	[lejtenant]
capitaine (m)	капитан	[kapitan]

commandant (m)	майор	[majɔr]
colonel (m)	полковник	[polkovnik]
général (m)	генерал	[general]
maréchal (m)	маршал	[marʃal]
amiral (m)	адмирал	[admiral]
militaire (m)	ҳарбй, чангй	[harbi:], [tʃangi:]
soldat (m)	аскар	[askar]

officier (m)	афсар	[afsar]
commandant (m)	командир	[komandir]
garde-frontière (m)	сарҳадбон	[sarhadbon]
opérateur (m) radio	радиочӣ	[radiotʃi:]
éclaireur (m)	разведкачӣ	[razvedkatʃi:]
démineur (m)	сапёр	[sapjor]
tireur (m)	тирандоз	[tirandoz]
navigateur (m)	штурман	[ʃturman]

108. Les fonctionnaires. Les prêtres

roi (m)	шоҳ	[ʃoh]
reine (f)	малика	[malika]
prince (m)	шоҳзода	[ʃohzoda]
princesse (f)	шоҳдухтар	[ʃohduχtar]
tsar (m)	шоҳ	[ʃoh]
tsarine (f)	шоҳзан	[ʃohzan]
président (m)	президент	[prezident]
ministre (m)	вазир	[vazir]
premier ministre (m)	сарвазир	[sarvazir]
sénateur (m)	сенатор	[senator]
diplomate (m)	дипломат	[diplomat]
consul (m)	консул	[konsul]
ambassadeur (m)	сафир	[safir]
conseiller (m)	мушовир	[muʃovir]
fonctionnaire (m)	амалдор	[amaldor]
préfet (m)	префект	[prefekt]
maire (m)	мир	[mir]
juge (m)	довар	[dovar]
procureur (m)	прокурор, додситон	[prokuror], [dodsiton]
missionnaire (m)	миссионер, мубаллиғ	[missioner], [muballiʁ]
moine (m)	роҳиб	[rohib]
abbé (m)	аббат	[abbat]
rabbin (m)	раббӣ	[rabbi:]
vizir (m)	вазир	[vazir]
shah (m)	шоҳ	[ʃoh]
cheik (m)	шайх	[ʃajχ]

109. Les professions agricoles

apiculteur (m)	занбӯрпарвар	[zanbœrparvar]
berger (m)	подабон	[podabon]
agronome (m)	агроном	[agronom]

éleveur (m)	чорводор	[tʃorvodor]
vétérinaire (m)	духтури ҳайвонот	[duχturi hajvonot]
fermier (m)	фермер	[fermer]
vinificateur (m)	шаробсоз	[ʃarobsoz]
zoologiste (m)	зоолог	[zoolog]
cow-boy (m)	ковбой	[kovboj]

110. Les professions artistiques

acteur (m)	ҳунарманд	[hunarmand]
actrice (f)	ҳунарманд	[hunarmand]
chanteur (m)	сурудхон, ҳофиз	[surudχon], [hofiz]
cantatrice (f)	сароянда	[sarojanda]
danseur (m)	раққос	[raqqos]
danseuse (f)	раққоса	[raqqosa]
artiste (m)	ҳунарманд	[hunarmand]
artiste (f)	ҳунарманд	[hunarmand]
musicien (m)	мусиқачӣ	[musiqatʃi:]
pianiste (m)	пианинонавоз	[pianinonavoz]
guitariste (m)	гиторчӣ	[gitortʃi:]
chef (m) d'orchestre	дирижёр	[diriʒjor]
compositeur (m)	композитор, бастакор	[kompozitor], [bastakor]
imprésario (m)	импрессарио	[impressario]
metteur (m) en scène	коргардон	[korgardon]
producteur (m)	продюсер	[prodjuser]
scénariste (m)	муаллифи сенарий	[muallifi senarij]
critique (m)	мунаққид	[munaqqid]
écrivain (m)	нависанда	[navisanda]
poète (m)	шоир	[ʃoir]
sculpteur (m)	ҳайкалтарош	[hajkaltaroʃ]
peintre (m)	рассом	[rassom]
jongleur (m)	жонглёр	[ʒongljor]
clown (m)	масхарабоз	[masχaraboz]
acrobate (m)	дорбоз, акробат	[dorboz], [akrobat]
magicien (m)	найрангбоз	[najrangboz]

111. Les différents métiers

médecin (m)	духтур	[duχtur]
infirmière (f)	ҳамшираи тиббӣ	[hamʃirai tibbi:]
psychiatre (m)	равонпизишк	[ravonpiziʃk]
stomatologue (m)	дандонпизишк	[dandonpiziʃk]
chirurgien (m)	ҷарроҳ	[dʒarroh]

astronaute (m)	кайҳоннавард	[kajhonnavard]
astronome (m)	ситорашинос	[sitoraʃinos]
pilote (m)	лётчик	[ljɔttʃik]
chauffeur (m)	рононда	[rononda]
conducteur (m) de train	мошинист	[moʃinist]
mécanicien (m)	механик	[meχanik]
mineur (m)	конкан	[konkan]
ouvrier (m)	коргар	[korgar]
serrurier (m)	челонгар	[tʃelongar]
menuisier (m)	дуредгар, наҷҷор	[duredgar], [nadʒdʒor]
tourneur (m)	харрот	[χarrot]
ouvrier (m) du bâtiment	бинокор	[binokor]
soudeur (m)	кафшергар	[kafʃergar]
professeur (m) (titre)	профессор	[professor]
architecte (m)	меъмор	[me'mor]
historien (m)	таърихдон	[ta'riχdon]
savant (m)	олим	[olim]
physicien (m)	физик	[fizik]
chimiste (m)	химик	[χimik]
archéologue (m)	археолог	[arχeolog]
géologue (m)	геолог	[geolog]
chercheur (m)	таҳқикотчӣ	[tahqikottʃi:]
baby-sitter (m, f)	бачабардор	[batʃabardor]
pédagogue (m, f)	муаллим	[muallim]
rédacteur (m)	муҳаррир	[muharrir]
rédacteur (m) en chef	сармуҳаррир	[sarmuharrir]
correspondant (m)	мухбир	[muχbir]
dactylographe (f)	мошинистка	[moʃinistka]
designer (m)	дизайнгар, зебосоз	[dizajngar], [zebosoz]
informaticien (m)	устои компютер	[ustoi kompjuter]
programmeur (m)	барномасоз	[barnomasoz]
ingénieur (m)	инженер	[inʒener]
marin (m)	баҳрчӣ	[bahrtʃi:]
matelot (m)	баҳрчӣ, маллоҳ	[bahrtʃi:], [malloh]
secouriste (m)	наҷотдиҳанда	[nadʒotdihanda]
pompier (m)	сӯхторхомӯшкун	[sœχtorχomœʃkun]
policier (m)	полис	[polis]
veilleur (m) de nuit	посбон	[posbon]
détective (m)	ҷустуҷӯкунанда	[dʒustudʒœkunanda]
douanier (m)	гумрукчӣ	[gumruktʃi:]
garde (m) du corps	муҳофиз	[muhofiz]
gardien (m) de prison	назоратчии ҳабсхона	[nazorattʃi:i habsχona]
inspecteur (m)	назоратчӣ	[nazorattʃi:]
sportif (m)	варзишгар	[varziʃgar]
entraîneur (m)	тренер	[trener]

boucher (m)	қассоб, гӯштфурӯш	[qassob], [gœʃtfurœʃ]
cordonnier (m)	мӯзадӯз	[mœzadœz]
commerçant (m)	савдогар, тоҷир	[savdogar], [todʒir]
chargeur (m)	борбардор	[borbardor]
couturier (m)	тарҳсоз	[tarhsoz]
modèle (f)	модел	[model]

112. Les occupations. Le statut social

écolier (m)	мактабхон	[maktabxon]
étudiant (m)	донишҷӯ	[doniʃdʒœ]
philosophe (m)	файласуф	[fajlasuf]
économiste (m)	иқтисодчӣ	[iqtisodtʃi:]
inventeur (m)	ихтироъкор	[ixtiro'kor]
chômeur (m)	бекор	[bekor]
retraité (m)	нафақахӯр	[nafaqaxœr]
espion (m)	ҷосус	[dʒosus]
prisonnier (m)	маҳбус	[mahbus]
gréviste (m)	корпарто	[korparto]
bureaucrate (m)	бюрократ	[bjurokrat]
voyageur (m)	сайёх	[sajjox]
homosexuel (m)	гомосексуалист	[gomoseksualist]
hacker (m)	хакер	[xaker]
hippie (m, f)	хиппи	[xippi]
bandit (m)	роҳзан	[rohzan]
tueur (m) à gages	қотили зархарид	[qotili zarxarid]
drogué (m)	нашъаманд	[naʃʼamand]
trafiquant (m) de drogue	нашъаҷаллоб	[naʃʼadʒallob]
prostituée (f)	фоҳиша	[fohiʃa]
souteneur (m)	занҷаллоб	[zandʒallob]
sorcier (m)	ҷодугар	[dʒodugar]
sorcière (f)	занаки ҷодугар	[zanaki dʒodugar]
pirate (m)	роҳзани баҳрӣ	[rohzani bahri:]
esclave (m)	ғулом	[ʁulom]
samouraï (m)	самурай	[samuraj]
sauvage (m)	одами ваҳшӣ	[odami vahʃi:]

Le sport

113. Les types de sports. Les sportifs

sportif (m)	варзишгар	[varziʃgar]
type (m) de sport	намуди варзиш	[namudi varziʃ]
basket-ball (m)	баскетбол	[basketbol]
basketteur (m)	баскетболбоз	[basketbolboz]
base-ball (m)	бейсбол	[bejsbol]
joueur (m) de base-ball	бейсболчй	[bejsboltʃi:]
football (m)	футбол	[futbol]
joueur (m) de football	футболбоз	[futbolboz]
gardien (m) de but	дарвозабон	[darvozabon]
hockey (m)	хоккей	[χokkej]
hockeyeur (m)	хоккейбоз	[χokkejboz]
volley-ball (m)	волейбол	[volejbol]
joueur (m) de volley-ball	волейболбоз	[volejbolboz]
boxe (f)	бокс	[boks]
boxeur (m)	боксёр	[boksjor]
lutte (f)	гӯштин	[gœʃtin]
lutteur (m)	гӯштингир	[gœʃtingir]
karaté (m)	карате	[karate]
karatéka (m)	каратечй	[karatetʃi:]
judo (m)	дзюдо	[dzjudo]
judoka (m)	дзюдочй	[dzjudotʃi:]
tennis (m)	теннис	[tennis]
joueur (m) de tennis	теннисбоз	[tennisboz]
natation (f)	шиноварй	[ʃinovari:]
nageur (m)	шиновар	[ʃinovar]
escrime (f)	шамшербозй	[ʃamʃerbozi:]
escrimeur (m)	шамшербоз	[ʃamʃerboz]
échecs (m pl)	шохмот	[ʃohmot]
joueur (m) d'échecs	шохмотбоз	[ʃohmotboz]
alpinisme (m)	кӯхнавардй	[kœhnavardi:]
alpiniste (m)	кӯхнавард	[kœhnavard]
course (f)	давидани	[davidani]

coureur (m)	даванда	[davanda]
athlétisme (m)	атлетикаи сабук	[atletikai sabuk]
athlète (m)	варзишгар	[varziʃgar]
équitation (f)	варзиши аспӣ	[varziʃi aspi:]
cavalier (m)	човандоз	[tʃovandoz]
patinage (m) artistique	рақси рӯи ях	[raqsi rœi jaχ]
patineur (m)	раққоси рӯи ях	[raqqosi rœi jaχ]
patineuse (f)	раққосаи рӯи ях	[raqqosai rœi jaχ]
haltérophilie (f)	варзиши вазнин	[varziʃi vaznin]
haltérophile (m)	вазнабардор	[vaznabardor]
course (f) automobile	пойгаи мошинхо	[pojgai moʃinho]
pilote (m)	пойгачи	[pojgatʃi]
cyclisme (m)	спорти велосипедронӣ	[sporti velosipedroni:]
cycliste (m)	велосипедрон	[velosipedron]
sauts (m pl) en longueur	чақиш ба дарозӣ	[dʒahiʃ ba darozi:]
sauts (m pl) à la perche	чақиш бо хода	[dʒahiʃ bo χoda]
sauteur (m)	чақанда	[dʒahanda]

114. Les types de sports. Divers

football (m) américain	футболи америкой	[futboli amerikoi:]
badminton (m)	бадминтон	[badminton]
biathlon (m)	биатлон	[biatlon]
billard (m)	билярдбозӣ	[biljardbozi:]
bobsleigh (m)	бобслей	[bobslej]
bodybuilding (m)	бодибилдинг	[bodibilding]
water-polo (m)	тӯббозӣ дар об	[tœbbozj dar ob]
handball (m)	гандбол	[gandbol]
golf (m)	голф	[golf]
aviron (m)	қаиқронӣ	[qaiqroni:]
plongée (f)	дайвинг	[dajving]
course (f) à skis	пойгаи лижаронхо	[pojgai liʒaronho]
tennis (m) de table	тенниси рӯимизӣ	[tennisi rœimizi:]
voile (f)	варзиши парусӣ	[varziʃi parusi:]
rallye (m)	ралли	[ralli]
rugby (m)	регби	[regbi]
snowboard (m)	сноуборд	[snoubord]
tir (m) à l'arc	камонварӣ	[kamonvari:]

115. La salle de sport

| barre (f) à disques | вазна | [vazna] |
| haltères (m pl) | гантел | [gantel] |

appareil (m) d'entraînement	дастгоҳи варзишӣ	[dastgohi varziʃi:]
vélo (m) d'exercice	велотренажёр	[velotrenaʒjɔr]
tapis (m) roulant	роҳи пойга	[rohi pojga]
barre (f) fixe	турник	[turnik]
barres (pl) parallèles	брус	[brus]
cheval (m) d'Arçons	асп	[asp]
tapis (m) gymnastique	гилеми варзишӣ	[gilemi varziʃi:]
corde (f) à sauter	частак	[dʒastak]
aérobic (m)	аэробика	[aɛrobika]
yoga (m)	йога	[jɔga]

116. Le sport. Divers

Jeux (m pl) olympiques	Бозиҳои олимпӣ	[bozihoi olimpi:]
gagnant (m)	ғолиб	[ʁolib]
remporter (vt)	ғалаба кардан	[ʁalaba kardan]
gagner (vi)	бурдан	[burdan]
leader (m)	пешсаф	[peʃsaf]
prendre la tête	пешсаф будан	[peʃsaf budan]
première place (f)	ҷойи аввал	[dʒoji avval]
deuxième place (f)	ҷойи дуюм	[dʒoji dujum]
troisième place (f)	ҷойи сеюм	[dʒoji sejum]
médaille (f)	медал	[medal]
trophée (m)	ғанимат	[ʁanimat]
coupe (f) (trophée)	кубок	[kubok]
prix (m)	мукофот	[mukofot]
prix (m) principal	мукофоти асосӣ	[mukofoti asosi:]
record (m)	рекорд	[rekord]
établir un record	рекорд нишон додан	[rekord niʃon dodan]
finale (f)	финал	[final]
final (adj)	финалӣ	[finali:]
champion (m)	чемпион	[tʃempion]
championnat (m)	чемпионат	[tʃempionat]
stade (m)	варзишгоҳ	[varziʃgoh]
tribune (f)	нишастгоҳ	[niʃastgoh]
supporteur (m)	мухлис	[muχlis]
adversaire (m)	рақиб	[raqib]
départ (m)	пилла	[pilla]
ligne (f) d'arrivée	марра	[marra]
défaite (f)	бохт	[boχt]
perdre (vi)	бохтан	[boχtan]
arbitre (m)	довар	[dovar]
jury (m)	ҳакамон	[hakamon]

score (m)	ҳисоб	[hisob]
match (m) nul	дуранг	[durang]
faire match nul	бозиро дуранг кардан	[boziro durang kardan]
point (m)	хол	[xol]
résultat (m)	натича	[natiʤa]
période (f)	қисм	[qism]
mi-temps (f) (pause)	танаффус	[tanaffus]
dopage (m)	допинг	[doping]
pénaliser (vt)	чарима андохтан	[ʤarima andoxtan]
disqualifier (vt)	маҳрум кардан	[mahrum kardan]
agrès (m)	асбобу олати варзиш	[asbobu olati varziʃ]
lance (f)	найза	[najza]
poids (m) (boule de métal)	гулӯла	[gulœla]
bille (f) (de billard, etc.)	сакқо	[sakqo]
but (cible)	ҳадаф	[hadaf]
cible (~ en papier)	ҳадаф, нишон	[hadaf], [niʃon]
tirer (vi)	тир задан	[tir zadan]
précis (un tir ~)	аниқ	[aniq]
entraîneur (m)	тренер	[trener]
entraîner (vt)	машқ додан	[maʃq dodan]
s'entraîner (vp)	машқ кардан	[maʃq kardan]
entraînement (m)	машқ	[maʃq]
salle (f) de gym	толори варзишй	[tolori varziʃi:]
exercice (m)	машқ	[maʃq]
échauffement (m)	гарм кардани бадан	[garm kardani badan]

L'éducation

117. L'éducation

école (f)	мактаб	[maktab]
directeur (m) d'école	директори мактаб	[direktori maktab]
élève (m)	талаба	[talaba]
élève (f)	толиба	[toliba]
écolier (m)	мактабхон	[maktabχon]
écolière (f)	духтари мактабхон	[duχtari maktabχon]
enseigner (vt)	меомӯзонад	[meomœzonad]
apprendre (~ l'arabe)	омӯхтан	[omœχtan]
apprendre par cœur	аз ёд кардан	[az jod kardan]
apprendre (à faire qch)	омӯхтан	[omœχtan]
être étudiant, -e	дар мактаб хондан	[dar maktab χondan]
aller à l'école	ба мактаб рафтан	[ba maktab raftan]
alphabet (m)	алифбо	[alifbo]
matière (f)	фан	[fan]
salle (f) de classe	синф, дарсхона	[sinf], [darsχona]
leçon (f)	дарс	[dars]
récréation (f)	танаффус	[tanaffus]
sonnerie (f)	занг	[zang]
pupitre (m)	парта	[parta]
tableau (m) noir	тахтаи синф	[taχtai sinf]
note (f)	баҳо	[baho]
bonne note (f)	баҳои хуб	[bahoi χub]
mauvaise note (f)	баҳои бад	[bahoi bad]
donner une note	баҳо гузоштан	[baho guzoʃtan]
faute (f)	хато	[χato]
faire des fautes	хато кардан	[χato kardan]
corriger (une erreur)	ислоҳ кардан	[isloh kardan]
antisèche (f)	шпаргалка	[ʃpargalka]
devoir (m)	вазифаи хонагӣ	[vazifai χonagi:]
exercice (m)	машқ	[maʃq]
être présent	иштирок доштан	[iʃtirok doʃtan]
être absent	набудан	[nabudan]
manquer l'école	ба дарс нарафтан	[ba dars naraftan]
punir (vt)	ҷазо додан	[dʒazo dodan]
punition (f)	ҷазо	[dʒazo]
conduite (f)	рафтор	[raftor]

carnet (m) de notes	рӯзнома	[rœznoma]
crayon (m)	қалам	[qalam]
gomme (f)	ластик	[lastik]
craie (f)	бӯр	[bœr]
plumier (m)	қаламдон	[qalamdon]

cartable (m)	чузвкаш	[dʒuzvkaʃ]
stylo (m)	ручка	[rutʃka]
cahier (m)	дафтар	[daftar]
manuel (m)	китоби дарсӣ	[kitobi darsi:]
compas (m)	паргор	[pargor]

| dessiner (~ un plan) | нақша кашидан | [naqʃa kaʃidan] |
| dessin (m) technique | нақша, тарх | [naqʃa], [tarh] |

poésie (f)	шеър	[ʃe'r]
par cœur (adv)	аз ёд	[az jod]
apprendre par cœur	аз ёд кардан	[az jod kardan]

vacances (f pl)	таътил	[ta'til]
être en vacances	дар таътил будан	[dar ta'til budan]
passer les vacances	таътилро гузаронидан	[ta'tilro guzaronidan]

interrogation (f) écrite	кори санчиш	[kori sandʒiʃi:]
composition (f)	иншо	[inʃo]
dictée (f)	диктант, имло	[diktant], [imlo]
examen (m)	имтихон	[imtihon]
passer les examens	имтихон супоридан	[imtihon suporidan]
expérience (f) (~ de chimie)	тачриба, санчиш	[tadʒriba], [sandʒiʃ]

118. L'enseignement supérieur

académie (f)	академия	[akademija]
université (f)	университет	[universitet]
faculté (f)	факулта	[fakulta]

étudiant (m)	донишчӯ	[doniʃdʒœ]
étudiante (f)	донишчӯ	[doniʃdʒœ]
enseignant (m)	устод	[ustod]

| salle (f) | синф | [sinf] |
| licencié (m) | хатмкунанда | [xatmkunanda] |

| diplôme (m) | диплом | [diplom] |
| thèse (f) | рисола | [risola] |

| étude (f) | тадқиқот | [tadqiqot] |
| laboratoire (m) | лаборатория | [laboratorija] |

| cours (m) | лексия | [lekcija] |
| camarade (m) de cours | хамкурс | [hamkurs] |

| bourse (f) | стипендия | [stipendija] |
| grade (m) universitaire | унвони илмӣ | [unvoni ilmi:] |

119. Les disciplines scientifiques

mathématiques (f pl)	математика	[matematika]
algèbre (f)	алгебра, алчабр	[algebra], [aldʒabr]
géométrie (f)	геометрия	[geometrija]
astronomie (f)	ситорашиносӣ	[sitoraʃinosi:]
biologie (f)	биология, илми ҳаёт	[biologija], [ilmi hajot]
géographie (f)	география	[geografija]
géologie (f)	геология	[geologija]
histoire (f)	таърих	[ta'riχ]
médecine (f)	тиб	[tib]
pédagogie (f)	омӯзгорӣ	[omœzgori:]
droit (m)	ҳуқуқ	[huquq]
physique (f)	физика	[fizika]
chimie (f)	химия	[χimija]
philosophie (f)	фалсафа	[falsafa]
psychologie (f)	равоншиносӣ	[ravonʃinosi:]

120. Le système d'écriture et l'orthographe

grammaire (f)	грамматика	[grammatika]
vocabulaire (m)	лексика	[leksika]
phonétique (f)	савтиёт	[savtijɵt]
nom (m)	исм	[ism]
adjectif (m)	сифат	[sifat]
verbe (m)	феъл	[fe'l]
adverbe (m)	зарф	[zarf]
pronom (m)	чонишин	[dʒoniʃin]
interjection (f)	нидо	[nido]
préposition (f)	пешоянд	[peʃojand]
racine (f)	решаи калима	[reʃai kalima]
terminaison (f)	бандак	[bandak]
préfixe (m)	префикс	[prefiks]
syllabe (f)	ҳичо	[hidʒo]
suffixe (m)	суффикс	[suffiks]
accent (m) tonique	зада	[zada]
apostrophe (f)	апостроф	[apostrof]
point (m)	нуқта	[nuqta]
virgule (f)	вергул	[vergul]
point (m) virgule	нуқтаву вергул	[nuqtavu vergul]
deux-points (m)	ду нуқта	[du nuqta]
points (m pl) de suspension	бисёрнуқта	[bisjɔrnuqta]
point (m) d'interrogation	аломати савол	[alomati savol]
point (m) d'exclamation	аломати хитоб	[alomati χitob]

guillemets (m pl)	нохунак	[noχunak]
entre guillemets	дар нохунак	[dar noχunak]
parenthèses (f pl)	қавсхо	[qavsho]
entre parenthèses	дар қавс	[dar qavs]

trait (m) d'union	нимтире	[nimtire]
tiret (m)	тире	[tire]
blanc (m)	масофа	[masofa]

lettre (f)	ҳарф	[harf]
majuscule (f)	ҳарфи калон	[harfi kalon]

voyelle (f)	садонок	[sadonok]
consonne (f)	овози ҳамсадо	[ovozi hamsado]

proposition (f)	ҷумла	[dʒumla]
sujet (m)	мубтадо	[mubtado]
prédicat (m)	хабар	[χabar]

ligne (f)	сатр, хат	[satr], [χat]
à la ligne	аз хати нав	[az χati nav]
paragraphe (m)	сарсатр	[sarsatr]

mot (m)	калима	[kalima]
groupe (m) de mots	ибора	[ibora]
expression (f)	ибора	[ibora]
synonyme (m)	муродиф	[murodif]
antonyme (m)	антоним	[antonim]

règle (f)	қоида	[qoida]
exception (f)	истисно	[istisno]
correct (adj)	дуруст	[durust]

conjugaison (f)	тасриф	[tasrif]
déclinaison (f)	тасриф	[tasrif]
cas (m)	ҳолат	[holat]
question (f)	савол	[savol]
souligner (vt)	хат кашидан	[χat kaʃidan]
pointillé (m)	қаторнуқта	[qatornuqta]

121. Les langues étrangères

langue (f)	забон	[zabon]
étranger (adj)	хориҷӣ	[χoridʒi:]
langue (f) étrangère	забони хориҷӣ	[zaboni χoridʒi:]
étudier (vt)	омӯхтан	[omœχtan]
apprendre (~ l'arabe)	омӯхтан	[omœχtan]

lire (vi, vt)	хондан	[χondan]
parler (vi, vt)	гап задан	[gap zadan]
comprendre (vt)	фаҳмидан	[fahmidan]
écrire (vt)	навиштан	[naviʃtan]
vite (adv)	босуръат	[bosur'at]
lentement (adv)	оҳиста	[ohista]

couramment (adv)	озодона	[ozodona]
règles (f pl)	қоидаҳо	[qoidaho]
grammaire (f)	грамматика	[grammatika]
vocabulaire (m)	лексика	[leksika]
phonétique (f)	савтиёт	[savtijot]
manuel (m)	китоби дарсӣ	[kitobi darsi:]
dictionnaire (m)	луғат	[luʁat]
manuel (m) autodidacte	худомӯз	[χudomœz]
guide (m) de conversation	сӯхбатнома	[sœhbatnoma]
cassette (f)	кассета	[kasseta]
cassette (f) vidéo	видеокассета	[videokasseta]
CD (m)	CD, диски компактӣ	[ɔɛ], [diski kompakti:]
DVD (m)	DVD-диск	[ɛøɛ-disk]
alphabet (m)	алифбо	[alifbo]
épeler (vt)	ҳарфакӣ гап задан	[harfaki: gap zadan]
prononciation (f)	талаффуз	[talaffuz]
accent (m)	зада, аксент	[zada], [aksent]
avec un accent	бо аксент	[bo aksent]
sans accent	бе аксент	[be aksent]
mot (m)	калима	[kalima]
sens (m)	маънӣ, маъно	[ma'ni:], [ma'no]
cours (m pl)	курсҳо, дарсҳо	[kursho], [darsho]
s'inscrire (vp)	дохил шудан	[doχil ʃudan]
professeur (m) (~ d'anglais)	муаллим	[muallim]
traduction (f) (action)	тарҷума	[tardʒuma]
traduction (f) (texte)	тарҷума	[tardʒuma]
traducteur (m)	тарҷумон	[tardʒumon]
interprète (m)	тарҷумон	[tardʒumon]
polyglotte (m)	забондон	[zabondon]
mémoire (f)	ҳофиза	[hofiza]

122. Les personnages de contes de fées

Père Noël (m)	Бобои барфӣ	[boboi barfi:]
Cendrillon (f)	Золушка	[zoluʃka]
sirène (f)	парии обӣ	[pari:i obi:]
Neptune (m)	Нептун	[neptun]
magicien (m)	сеҳркунанда	[sehrkunanda]
fée (f)	зани сеҳркунанда	[zani sehrkunanda]
magique (adj)	… и сеҳрнок	[i sehrnok]
baguette (f) magique	чӯбчаи сеҳрнок	[tʃœbtʃai sehrnok]
conte (m) de fées	афсона	[afsona]
miracle (m)	мӯъҷиза	[mœ'dʒiza]
gnome (m)	гном	[gnom]

se transformer en …	табдил ёфтан	[tabdil joftan]
esprit (m) (revenant)	шабаҳ	[ʃabah]
fantôme (m)	шабаҳ	[ʃabah]
monstre (m)	дев, аждар	[dev], [aʒdar]
dragon (m)	аждар, аждаҳо	[aʒdar], [aʒdaho]
géant (m)	азимчусса	[azimdʒussa]

123. Les signes du zodiaque

Bélier (m)	Ҳамал	[hamal]
Taureau (m)	Савр	[savr]
Gémeaux (m pl)	Дугоник	[dugonik]
Cancer (m)	Саратон	[saraton]
Lion (m)	Асад	[asad]
Vierge (f)	Чавзо	[dʒavzo]

Balance (f)	Мизон	[mizon]
Scorpion (m)	Ақраб	[aqrab]
Sagittaire (m)	қавс	[qavs]
Capricorne (m)	Чадй	[dʒadi:]
Verseau (m)	Далв	[dalv]
Poissons (m pl)	Ҳут	[hut]

caractère (m)	феъл, табиат	[fe'l], [tabiat]
traits (m pl) du caractère	нишонаҳои хислат	[niʃonahoi χislat]
conduite (f)	хулқ	[χulq]
dire la bonne aventure	фол дидан	[fol didan]
diseuse (f) de bonne aventure	фолбин, фолбинзан	[folbin], [folbinzan]
horoscope (m)	фолнома	[folnoma]

L'art

124. Le théâtre

théâtre (m)	театр	[teatr]
opéra (m)	опера	[opera]
opérette (f)	оперетта	[operetta]
ballet (m)	балет	[balet]

affiche (f)	эълоннома	[ε'lonnoma]
troupe (f) de théâtre	ҳайат	[hajat]
tournée (f)	сафари ҳунарӣ	[safari hunari:]
être en tournée	сафари ҳунарӣ кардан	[safari hunari: kardan]
répéter (vt)	машқ кардан	[maʃq kardan]
répétition (f)	машқ	[maʃq]
répertoire (m)	репертуар	[repertuar]

représentation (f)	намоиш, тамошо	[namoiʃ], [tamoʃo]
spectacle (m)	тамошо	[tamoʃo]
pièce (f) de théâtre	намоишнома	[namoiʃnoma]

billet (m)	билет	[bilet]
billetterie (f pl)	кассаи чиптафурӯшӣ	[kassai tʃiptafurœʃi:]
hall (m)	толор	[tolor]
vestiaire (m)	чевони либос	[dʒevoni libos]
jeton (m) de vestiaire	нумура	[numura]
jumelles (f pl)	дурбин	[durbin]
placeur (m)	нозир	[nozir]

parterre (m)	партер	[parter]
balcon (m)	балкон	[balkon]
premier (m) balcon	белэтаж	[belɛtaʒ]
loge (f)	ложа, нишем	[loʒa], [niʃem]
rang (m)	қатор	[qator]
place (f)	чой	[dʒoj]

public (m)	тамошобинон	[tamoʃobinon]
spectateur (m)	тамошобин	[tamoʃobin]
applaudir (vi)	чапакзанӣ кардан	[tʃapakzani: kardan]
applaudissements (m pl)	чапакзанӣ	[tʃapakzani:]
ovation (f)	чапакзани пурғулғула	[tʃapakzani purʁulʁula]

scène (f) (monter sur ~)	саҳна	[sahna]
rideau (m)	парда	[parda]
décor (m)	ороиши саҳна	[oroiʃi sahna]
coulisses (f pl)	пушти саҳна	[puʃti sahna]

scène (f) (la dernière ~)	намоиш	[namoiʃ]
acte (m)	парда	[parda]
entracte (m)	антракт	[antrakt]

125. Le cinéma

acteur (m)	хунарманд	[hunarmand]
actrice (f)	хунарманд	[hunarmand]
cinéma (m) (industrie)	кино, синамо	[kino], [sinamo]
film (m)	филм	[film]
épisode (m)	серия	[serija]
film (m) policier	детектив	[detektiv]
film (m) d'action	чангй	[dʒangi:]
film (m) d'aventures	филми пурмочаро	[filmi purmodʒaro]
film (m) de science-fiction	филми фантастикй	[filmi fantastiki:]
film (m) d'horreur	филми дахшатнок	[filmi dahʃatnok]
comédie (f)	филми хачвй	[filmi hadʒvi:]
mélodrame (m)	мелодрама	[melodrama]
drame (m)	драма	[drama]
film (m) de fiction	филми хунарй	[filmi hunari:]
documentaire (m)	филми хуччатй	[filmi hudʒdʒati:]
dessin (m) animé	мултфилм	[multfilm]
cinéma (m) muet	кинои беовоз	[kinoi beovoz]
rôle (m)	накш	[naqʃ]
rôle (m) principal	накши асосй	[naqʃi asosi:]
jouer (vt)	бозидан	[bozidan]
vedette (f)	ситораи санъати кино	[sitorai san'ati kino]
connu (adj)	маъруф	[ma'ruf]
célèbre (adj)	машхур	[maʃhur]
populaire (adj)	маъруф	[ma'ruf]
scénario (m)	филмнома	[filmnoma]
scénariste (m)	муаллифи сенарий	[muallifi senarij]
metteur (m) en scène	коргардон	[korgardon]
producteur (m)	продюсер	[prodjuser]
assistant (m)	ассистент	[assistent]
opérateur (m)	филмбардор	[filmbardor]
cascadeur (m)	каскадёр	[kaskadjor]
doublure (f)	дублёр	[dubljor]
tourner un film	филм гирифтан	[film giriftan]
audition (f)	санчиш	[sandʒiʃ]
tournage (m)	суратгирй	[suratgiri:]
équipe (f) de tournage	гурухи наворбардорон	[gurœhi navorbardoron]
plateau (m) de tournage	сахнаи наворбардорй	[sahnai navorbardori:]
caméra (f)	камераи киногирй	[kamerai kinogiri:]
cinéma (m)	кинотеатр	[kinoteatr]
écran (m)	экран	[ɛkran]
donner un film	филм намоиш додан	[film namoiʃ dodan]
piste (f) sonore	мавчи садо	[mavdʒi sado]
effets (m pl) spéciaux	эффектхои махсус	[ɛffekthoi maxsus]

sous-titres (m pl)	субтитрҳо	[subtitrho]
générique (m)	титрҳо	[titrho]
traduction (f)	тарҷума	[tardʒuma]

126. La peinture

art (m)	санъат	[san'at]
beaux-arts (m pl)	саноеи нафиса	[sanoei nafisa]
galerie (f) d'art	нигористон	[nigoriston]
exposition (f) d'art	намоишгоҳи расмҳо	[namoiʃgohi rasmho]
peinture (f)	рассомй	[rassomi:]
graphique (f)	графика	[grafika]
art (m) abstrait	абстрактсионизм	[abstraktsionizm]
impressionnisme (m)	импрессионизм	[impressionizm]
tableau (m)	расм	[rasm]
dessin (m)	расм	[rasm]
poster (m)	плакат	[plakat]
illustration (f)	расм, сурат	[rasm], [surat]
miniature (f)	миниатюра	[miniatjura]
copie (f)	нусха	[nusχa]
reproduction (f)	нусхаи чопии сурат	[nusχai tʃopi:i surat]
mosaïque (f)	кошинкорй	[koʃinkori:]
vitrail (m)	витраж	[vitraʒ]
fresque (f)	фреска	[freska]
gravure (f)	расми кандакорй	[rasmi kandakori:]
buste (m)	бюст	[bjust]
sculpture (f)	ҳайкал	[hajkal]
statue (f)	ҳайкал	[hajkal]
plâtre (m)	гач	[gatʃ]
en plâtre	аз гач	[az gatʃ]
portrait (m)	портрет	[portret]
autoportrait (m)	автопортрет	[avtoportret]
paysage (m)	манзара	[manzara]
nature (f) morte	натюрморт	[natjurmort]
caricature (f)	карикатура	[karikatura]
croquis (m)	қайдҳои хомакй	[qajdhoi χomaki:]
peinture (f)	ранг	[rang]
aquarelle (f)	акварел	[akvarel]
huile (f)	равған	[ravʁan]
crayon (m)	қалам	[qalam]
encre (f) de Chine	туш	[tuʃ]
fusain (m)	сиёҳқалам	[sijohqalam]
dessiner (vi, vt)	расм кашидан	[rasm kaʃidan]
peindre (vi, vt)	расм кашидан	[rasm kaʃidan]
poser (vi)	ба таври махсус истодан	[ba tavri maχsus istodan]
modèle (m)	марди модел	[mardi model]

modèle (f)	зани модел	[zani model]
peintre (m)	рассом	[rassom]
œuvre (f) d'art	асар	[asar]
chef (m) d'œuvre	шоҳасар	[ʃohasar]
atelier (m) d'artiste	коргоҳи рассом	[korgohi rassom]
toile (f)	холст	[χolst]
chevalet (m)	сепояи рассомӣ	[sepojai rassomi:]
palette (f)	лавҳачаи рассомӣ	[lavhatʃai rassomi:]
encadrement (m)	чорчӯба	[tʃortʃœba]
restauration (f)	таъмир	[ta'mir]
restaurer (vt)	таъмир кардан	[ta'mir kardan]

127. La littérature et la poésie

littérature (f)	адабиёт	[adabijɔt]
auteur (m) (écrivain)	муаллиф	[muallif]
pseudonyme (m)	тахаллус	[taχallus]
livre (m)	китоб	[kitob]
volume (m)	ҷилд	[dʒild]
table (f) des matières	мундарича	[mundaridʒa]
page (f)	саҳифа	[sahifa]
protagoniste (m)	қаҳрамони асосӣ	[qahramoni asosi:]
autographe (m)	автограф	[avtograf]
récit (m)	ҳикоя, ҳикоят	[hikoja], [hikojat]
nouvelle (f)	нақл	[naql]
roman (m)	роман	[roman]
œuvre (f) littéraire	асар	[asar]
fable (f)	масал, матал	[masal], [matal]
roman (m) policier	детектив	[detektiv]
vers (m)	шеър	[ʃe'r]
poésie (f)	назм	[nazm]
poème (m)	достон	[doston]
poète (m)	шоир	[ʃoir]
belles-lettres (f pl)	адабиёти мансур	[adabijoti mansur]
science-fiction (f)	фантастикаи илмӣ	[fantastikai ilmi:]
aventures (f pl)	саргузаштҳо	[sarguzaʃtho]
littérature (f) didactique	адабиёти таълимӣ	[adabijoti ta'limi:]
littérature (f) pour enfants	адабиёти кӯдакона	[adabijoti kœdakona]

128. Le cirque

cirque (m)	сирк	[sirk]
chapiteau (m)	сирки шапито	[sirki ʃapito]
programme (m)	барнома	[barnoma]
représentation (f)	намоиш, тамошо	[namoiʃ], [tamoʃo]
numéro (m)	баромад	[baromad]

arène (f)	сахнаи сирк	[sahnai sirk]
pantomime (f)	пантомима	[pantomima]
clown (m)	масхарабоз	[masxaraboz]
acrobate (m)	дорбоз, акробат	[dorboz], [akrobat]
acrobatie (f)	дорбоза, акробатика	[dorboza], [akrobatika]
gymnaste (m)	гимнаст	[gimnast]
gymnastique (f)	гимнастика	[gimnastika]
salto (m)	салто	[salto]
hercule (m)	пахлавон	[pahlavon]
dompteur (m)	ромкунанда, дастомӯз кунанда	[romkunanda], [dastomœz kunanda]
écuyer (m)	човандоз	[ʧovandoz]
assistant (m)	ассистент	[assistent]
truc (m)	найранг, хила	[najrang], [hila]
tour (m) de passe-passe	найрангбозй	[najrangbozi:]
magicien (m)	найрангбоз	[najrangboz]
jongleur (m)	жонглёр	[ʒongljɔr]
jongler (vi)	жонглёрй кардан	[ʒongljɔrj kardan]
dresseur (m)	ромкунанда	[romkunanda]
dressage (m)	ром кардан	[rom kardan]
dresser (vt)	ром кардан	[rom kardan]

129. La musique

musique (f)	мусиқӣ	[musiqi:]
musicien (m)	мусиқачӣ	[musiqatʃi:]
instrument (m) de musique	асбоби мусиқӣ	[asbobi musiqi:]
jouer de ...	навохтан	[navoxtan]
guitare (f)	гитара	[gitara]
violon (m)	скрипка	[skripka]
violoncelle (m)	виолончел	[violonʧel]
contrebasse (f)	контрабас	[kontrabas]
harpe (f)	уд	[ud]
piano (m)	пианино	[pianino]
piano (m) à queue	роял	[rojal]
orgue (m)	арғунун	[arʁunun]
hautbois (m)	гобой, сурнай	[goboj], [surnaj]
saxophone (m)	саксофон	[saksofon]
clarinette (f)	кларнет, сурнай	[klarnet], [surnaj]
flûte (f)	най	[naj]
trompette (f)	карнай	[karnaj]
accordéon (m)	аккордеон	[akkordeon]
tambour (m)	накора, табл	[nakora], [tabl]
trio (m)	трио	[trio]
quartette (m)	квартет	[kvartet]

chœur (m)	хор	[χor]
orchestre (m)	оркестр	[orkestr]
musique (f) pop	поп-мусиқӣ	[pop-musiqi:]
musique (f) rock	рок-мусиқӣ	[rok-musiqi:]
groupe (m) de rock	рок-даста	[rok-dasta]
jazz (m)	ҷаз	[dʒaz]
idole (f)	бут, санам	[but], [sanam]
admirateur (m)	мухлис	[muχlis]
concert (m)	консерт	[konsert]
symphonie (f)	симфония	[simfonija]
œuvre (f) musicale	тасниф	[tasnif]
composer (vt)	навиштан	[naviʃtan]
chant (m) (~ d'oiseau)	овозхонӣ	[ovozχoni:]
chanson (f)	суруд	[surud]
mélodie (f)	оҳанг	[ohang]
rythme (m)	вазн, усул	[vazn], [usul]
blues (m)	блюз	[bljuz]
notes (f pl)	нотаҳо	[notaho]
baguette (f)	чӯбчаи дирижёрӣ	[tʃœbtʃai diriʒjori:]
archet (m)	камонча	[kamontʃa]
corde (f)	тор	[tor]
étui (m)	ғилоф	[ʁilof]

Les loisirs. Les voyages

130. Les voyages. Les excursions

tourisme (m)	туризм, саёхат	[turizm], [sajɔχat]
touriste (m)	саёхатчй	[sajɔhattʃi:]
voyage (m) (à l'étranger)	саёхат	[sajɔhat]
aventure (f)	саргузашт	[sarguzaʃt]
voyage (m)	сафар	[safar]
vacances (f pl)	рухсатӣ	[ruχsati:]
être en vacances	дар рухсатӣ будан	[dar ruχsati: budan]
repos (m) (jours de ~)	истироҳат	[istirohat]
train (m)	поезд, қатор	[poezd], [qator]
en train	бо қатора	[bo qatora]
avion (m)	ҳавопаймо	[havopajmo]
en avion	бо ҳавопаймо	[bo havopajmo]
en voiture	бо мошин	[bo moʃin]
en bateau	бо киштӣ	[bo kiʃti:]
bagage (m)	бағоч, бор	[baʁodʒ], [bor]
malle (f)	чомадон	[dʒomadon]
chariot (m)	аробаи бағочкашӣ	[arobai boʁotʃkaʃi:]
passeport (m)	шиносома	[ʃinosnoma]
visa (m)	виза	[viza]
ticket (m)	билет	[bilet]
billet (m) d'avion	чиптаи ҳавопаймо	[tʃiptai havopajmo]
guide (m) (livre)	роҳнома	[rohnoma]
carte (f)	харита	[χarita]
région (f) (~ rurale)	ҷой, маҳал	[dʒoj], [mahal]
endroit (m)	ҷой	[dʒoj]
exotisme (m)	ғароибот	[ʁaroibot]
exotique (adj)	... и ғароиб	[i ʁaroib]
étonnant (adj)	ҳайратангез	[hajratangez]
groupe (m)	гурӯҳ	[gurœh]
excursion (f)	экскурсия, саёхат	[ɛkskursija], [sajɔhat]
guide (m) (personne)	роҳбари экскурсия	[rohbari ɛkskursija]

131. L'hôtel

hôtel (m)	меҳмонхона	[mehmonχona]
motel (m)	меҳмонхона	[mehmonχona]
3 étoiles	се ситорадор	[se sitorador]

| 5 étoiles | панҷ ситорадор | [pandʒ sitorador] |
| descendre (à l'hôtel) | фуромадан | [furomadan] |

chambre (f)	хуҷра	[hudʒra]
chambre (f) simple	хуҷраи якнафара	[hudʒrai jaknafara]
chambre (f) double	хуҷраи дунафара	[hudʒrai dunafara]
réserver une chambre	банд кардани хуҷра	[band kardani hudʒra]

| demi-pension (f) | бо нимтаъминот | [bo nimta'minot] |
| pension (f) complète | бо таъминоти пурра | [bo ta'minoti purra] |

avec une salle de bain	ваннадор	[vannador]
avec une douche	душдор	[duʃdor]
télévision (f) par satellite	телевизиони спутникй	[televizioni sputniki:]
climatiseur (m)	кондитсионер	[konditsioner]
serviette (f)	сачоқ	[satʃoq]
clé (f)	калид	[kalid]

administrateur (m)	маъмур, мудир	[ma'mur], [mudir]
femme (f) de chambre	пешхизмат	[peʃχizmat]
porteur (m)	ҳаммол	[hammol]
portier (m)	дарбони меҳмонхона	[darboni mehmonχona]

restaurant (m)	тарабхона	[tarabχona]
bar (m)	бар	[bar]
petit déjeuner (m)	ношишта	[noniʃta]
dîner (m)	шом	[ʃom]
buffet (m)	мизи шведй	[mizi ʃvedi:]

| hall (m) | миёнсарой | [mijɔnsaroj] |
| ascenseur (m) | лифт | [lift] |

| PRIÈRE DE NE PAS DÉRANGER | ХАЛАЛ НАРАСОНЕД | [χalal narasoned] |
| DÉFENSE DE FUMER | ТАМОКУ НАКАШЕД! | [tamoku nakaʃed] |

132. Le livre. La lecture

livre (m)	китоб	[kitob]
auteur (m)	муаллиф	[muallif]
écrivain (m)	нависанда	[navisanda]
écrire (~ un livre)	навиштан	[naviʃtan]

lecteur (m)	хонанда	[χonanda]
lire (vi, vt)	хондан	[χondan]
lecture (f)	хониш	[χoniʃ]

| à part soi | ба дили худ | [ba dili χud] |
| à haute voix | бо овози баланд | [bo ovozi baland] |

éditer (vt)	нашр кардан	[naʃr kardan]
édition (f) (~ des livres)	нашр	[naʃr]
éditeur (m)	ношир	[noʃir]
maison (f) d'édition	нашриёт	[naʃrijɔt]

paraître (livre)	нашр шудан	[naʃr ʃudan]
sortie (f) (~ d'un livre)	аз чоп баромадани	[az tʃop baromadani]
tirage (m)	адади нашр	[adadi naʃr]

| librairie (f) | мағозаи китоб | [maʁozai kitob] |
| bibliothèque (f) | китобхона | [kitobχona] |

nouvelle (f)	нақл	[naql]
récit (m)	ҳикоя, ҳикоят	[hikoja], [hikojat]
roman (m)	роман	[roman]
roman (m) policier	детектив	[detektiv]

mémoires (m pl)	хотираҳо	[χotiraho]
légende (f)	афсона	[afsona]
mythe (m)	асотир, қисса	[asotir], [qissa]

vers (m pl)	шеърҳо	[ʃe'rho]
autobiographie (f)	тарҷумаи ҳоли худ, автобиография	[tardʒumai holi χud], [avtobiografija]
les œuvres choisies	асарҳои мунтахаб	[asarhoi muntaχab]
science-fiction (f)	фантастика	[fantastika]

titre (m)	ном	[nom]
introduction (f)	муқаддима	[muqaddima]
page (f) de titre	варақаи унвон	[varaqai unvon]

chapitre (m)	ҷузъи китоб	[dʒuz'i kitob]
extrait (m)	порча	[portʃa]
épisode (m)	лавҳа	[lavha]

sujet (m)	сюжет	[sjuʒet]
sommaire (m)	мундариҷа	[mundaridʒa]
table (f) des matières	мундариҷа	[mundaridʒa]
protagoniste (m)	қаҳрамони асосӣ	[qahramoni asosi:]

volume (m)	ҷилд	[dʒild]
couverture (f)	мукова	[mukova]
reliure (f)	муқова	[muqova]
marque-page (m)	хатчӯб, чӯбалиф	[χattʃœb], [tʃœbalif]

page (f)	саҳифа	[sahifa]
feuilleter (vt)	варақ задан	[varak zadan]
marges (f pl)	ҳошия	[hoʃija]
annotation (f)	нишона	[niʃona]
note (f) de bas de page	поварақ	[povaraq]

texte (m)	матн	[matn]
police (f)	ҳуруф	[huruf]
faute (f) d'impression	саҳв, ғалат	[sahv], [ʁalat]

traduction (f)	тарҷума	[tardʒuma]
traduire (vt)	тарҷума кардан	[tardʒuma kardan]
original (m)	матни асл	[matni asl]

| célèbre (adj) | машхур | [maʃhur] |
| inconnu (adj) | номаъруф | [noma'ruf] |

| intéressant (adj) | шавқовар | [ʃavqovar] |
| best-seller (m) | бестселлер | [bestseller] |

dictionnaire (m)	луғат	[luʁat]
manuel (m)	китоби дарсӣ	[kitobi darsi:]
encyclopédie (f)	энсиклопедия	[ɛnsiklopedija]

133. La chasse. La pêche

chasse (f)	шикор, сайд	[ʃikor], [sajd]
chasser (vi, vt)	шикор кардан	[ʃikor kardan]
chasseur (m)	шикорчӣ	[ʃikortʃi:]

tirer (vi)	тир задан	[tir zadan]
fusil (m)	милтиқ	[miltiq]
cartouche (f)	тир	[tir]
grains (m pl) de plomb	сочма	[sotʃma]

piège (m) à mâchoires	қапқон	[qapqon]
piège (m)	дом	[dom]
être pris dans un piège	ба қапқон афтодан	[ba qapqon aftodan]
mettre un piège	қапқон мондан	[qapqon mondan]

braconnier (m)	қӯруқшикан	[qœruqʃikan]
gibier (m)	сайд	[sajd]
chien (m) de chasse	саги шикорӣ	[sagi ʃikori:]
safari (m)	сафари	[safari]
animal (m) empaillé	хӯса	[xœsa]

pêcheur (m)	моҳигир	[mohigir]
pêche (f)	моҳигирӣ	[mohigiri:]
pêcher (vi)	моҳӣ гирифтан	[mohi: giriftan]

canne (f) à pêche	шаст	[ʃast]
ligne (f) de pêche	ресмони шаст	[resmoni ʃast]
hameçon (m)	қалмок	[qalmok]
flotteur (m)	ғаммозак	[ʁammozak]
amorce (f)	хӯрхӯрак	[xœrxœrak]

lancer la ligne	шаст партофтан	[ʃast partoftan]
mordre (vt)	нул задан	[nul zadan]
pêche (f) (poisson capturé)	сайди моҳӣ	[sajdi mohi:]
trou (m) dans la glace	яхбурча	[jaxburtʃa]

filet (m)	тӯр	[tœr]
barque (f)	қаиқ	[qaiq]
pêcher au filet	бо тӯр доштан	[bo tœr doʃtan]
jeter un filet	тӯр партофтан	[tœr partoftan]
retirer le filet	тӯр кашидан	[tœr kaʃidan]
tomber dans le filet	ба тӯр афтодан	[ba tœr aftodan]

baleinier (m)	шикори китҳо	[ʃikori kitho]
baleinière (f)	киштии шикори китҳо	[kiʃti:i ʃikori kitho]
harpon (m)	соскан	[soskan]

134. Les jeux. Le billard

billard (m)	билярдбозй	[biljardbozi:]
salle (f) de billard	толори саққобозй	[tolori saqqobozi:]
bille (f) de billard	саққо	[saqqo]
empocher une bille	даровардани саққо	[darovardani saqqo]
queue (f)	кий	[kij]
poche (f)	тӯрхалтаи билярд	[tœrχaltai biljard]

135. Les jeux de cartes

carreau (m)	қартаҳои хишт	[qartahoi χiʃt]
pique (m)	қарамашшоқ	[qaramaʃʃoq]
cœur (m)	дил	[dil]
trèfle (m)	қартаҳои чилликхол	[qartahoi tʃillikχol]
as (m)	зот	[zot]
roi (m)	шоҳ	[ʃoh]
dame (f)	модка	[modka]
valet (m)	валет	[valet]
carte (f)	картаи бозй	[kartai bozi:]
jeu (m) de cartes	қарта	[qarta]
atout (m)	кузур	[kuzur]
paquet (m) de cartes	дастаи қарта	[dastai qarta]
point (m)	хол	[χol]
distribuer (les cartes)	кашидан	[kaʃidan]
battre les cartes	тагу рӯ кардан	[tagu rœ kardan]
tour (m) de jouer	гашт	[gaʃt]
tricheur (m)	қаллоб, ғиром	[qallob], [ʁirom]

136. Les loisirs. Les jeux

se promener (vp)	сайр кардан	[sajr kardan]
promenade (f)	гардиш, гашт	[gardiʃ], [gaʃt]
promenade (f) (en voiture)	сайрон	[sajron]
aventure (f)	саргузашт	[sarguzaʃt]
pique-nique (m)	пикник	[piknik]
jeu (m)	бозй	[bozi:]
joueur (m)	бозингар	[bozingar]
partie (f) (~ de cartes, etc.)	як бор бозй	[jak bor bozi:]
collectionneur (m)	коллексионер	[kollesioner]
collectionner (vt)	коллексия кардан	[kolleksija kardan]
collection (f)	коллексия	[kolleksija]
mots (m pl) croisés	кроссворд	[krossvord]
hippodrome (m)	ипподром	[ippodrom]

discothèque (f)	дискотека	[diskoteka]
sauna (m)	сауна, ҳаммом	[sauna], [hammom]
loterie (f)	лотерея	[lotereja]
trekking (m)	роҳпаймой	[rohpajmoi:]
camp (m)	лагер	[lager]
tente (f)	хаймаи сайёҳон	[xajmai sajjohon]
boussole (f)	компас, қутбнамо	[kompas], [qutbnamo]
campeur (m)	сайёҳ, турист	[sajjoh], [turist]
regarder (la télé)	нигоҳ кардан	[nigoh kardan]
téléspectateur (m)	бинанда	[binanda]
émission (f) de télé	теленамоиш	[telenamoiʃ]

137. La photographie

appareil (m) photo	фотоаппарат	[fotoapparat]
photo (f)	акс, сурат	[aks], [surat]
photographe (m)	суратгир	[suratgir]
studio (m) de photo	фотостудия	[fotostudija]
album (m) de photos	албоми сурат	[albomi surat]
objectif (m)	объектив	[ob'ektiv]
téléobjectif (m)	телеобъектив	[teleob'ektiv]
filtre (m)	филтр	[filtr]
lentille (f)	линза	[linza]
optique (f)	оптика	[optika]
diaphragme (m)	диафрагма	[diafragma]
temps (m) de pose	дошт	[doʃt]
viseur (m)	манзарачӯ	[manzaradʒœ]
appareil (m) photo numérique	суратгираки рақамӣ	[suratgiraki raqami:]
trépied (m)	поя	[poja]
flash (m)	чароғак	[ʧaroʁak]
photographier (vt)	сурат гирифтан	[surat giriftan]
prendre en photo	сурат гирифтан	[surat giriftan]
se faire prendre en photo	сурати худро гирондан	[surati xudro girondan]
mise (f) au point	фокус	[fokus]
mettre au point	ба рангҳои баланд мондан	[ba ranghoi baland mondan]
net (adj)	баланд	[baland]
netteté (f)	баланди ранг	[balandi rang]
contraste (m)	акс	[aks]
contrasté (adj)	возеҳ	[vozeh]
épreuve (f)	сурат	[surat]
négatif (m)	негатив	[negativ]
pellicule (f)	фотонавор	[fotonavor]
image (f)	кадр	[kadr]
tirer (des photos)	чоп кардан	[ʧop kardan]

138. La plage. La baignade

plage (f)	пляж	[pljaʒ]
sable (m)	рег	[reg]
désert (plage ~e)	хилват	[χilvat]
bronzage (m)	офтобхӯрӣ	[oftobχœri:]
se bronzer (vp)	гандумгун шудан	[gandumgun ʃudan]
bronzé (adj)	гандумгун	[gandumgun]
crème (f) solaire	креми офтобхӯрӣ	[kremi oftobχœri:]
bikini (m)	бикини	[bikini]
maillot (m) de bain	либоси оббозӣ	[libosi obbozi:]
slip (m) de bain	плавка	[plavka]
piscine (f)	ҳавз	[havz]
nager (vi)	шино кардан	[ʃino kardan]
se changer (vp)	либоси дигар пӯшидан	[libosi digar pœʃidan]
serviette (f)	сачоқ	[satʃoq]
barque (f)	қаиқ	[qaiq]
canot (m) à moteur	катер	[kater]
ski (m) nautique	лижаҳои обӣ	[liʒahoi obi:]
pédalo (m)	велосипеди обӣ	[velosipedi obi:]
surf (m)	серфинг	[serfing]
surfeur (m)	серфингчӣ	[serfingtʃi:]
scaphandre (m) autonome	акваланг	[akvalang]
palmes (f pl)	ластҳо	[lastho]
masque (m)	ниқоб	[niqob]
plongeur (m)	ғӯтазан	[ʁœtazan]
plonger (vi)	ғӯта задан	[ʁœta zadan]
sous l'eau (adv)	таги об	[tagi ob]
parasol (m)	чатр	[tʃatr]
chaise (f) longue	шезлонг	[ʃezlong]
lunettes (f pl) de soleil	айнаки сиёҳ	[ajnaki sijɔh]
matelas (m) pneumatique	матраси оббозӣ	[matrasi obbozi:]
jouer (s'amuser)	бозӣ кардан	[bozi: kardan]
se baigner (vp)	оббозӣ кардан	[obbozi: kardan]
ballon (m) de plage	тӯб	[tœb]
gonfler (vt)	дам кардан	[dam kardan]
gonflable (adj)	дамшаванда	[damʃavanda]
vague (f)	мавҷ	[mavʤ]
bouée (f)	шиноварак	[ʃinovarak]
se noyer (vp)	ғарқ шудан	[ʁark ʃudan]
sauver (vt)	наҷот додан	[naʤot dodan]
gilet (m) de sauvetage	камзӯли наҷотдиҳанда	[kamzœli naʤotdihanda]
observer (vt)	назорат кардан	[nazorat kardan]
maître nageur (m)	наҷотдиҳанда	[naʤotdihanda]

LE MATÉRIEL TECHNIQUE. LES TRANSPORTS

Le matériel technique

139. L'informatique

ordinateur (m)	компютер	[kompjuter]
PC (m) portable	ноутбук	[noutbuk]
allumer (vt)	даргирондан	[dargirondan]
éteindre (vt)	куштан	[kuʃtan]
clavier (m)	клавиатура	[klaviatura]
touche (f)	тугмача	[tugmatʃa]
souris (f)	муш	[muʃ]
tapis (m) de souris	гилемчаи муш	[gilemtʃai muʃ]
bouton (m)	тугмача	[tugmatʃa]
curseur (m)	курсор	[kursor]
moniteur (m)	монитор	[monitor]
écran (m)	экран	[ɛkran]
disque (m) dur	диски сахт	[diski saχt]
capacité (f) du disque dur	ҳаҷми диски сахт	[hadʒmi diski saχt]
mémoire (f)	хофиза	[hofiza]
mémoire (f) vive	хотираи фаврӣ	[χotirai favri:]
fichier (m)	файл	[fajl]
dossier (m)	папка	[papka]
ouvrir (vt)	кушодан	[kuʃodan]
fermer (vt)	пӯшидан, бастан	[pœʃidan], [bastan]
sauvegarder (vt)	нигоҳ доштан	[nigoh doʃtan]
supprimer (vt)	нобуд кардан	[nobud kardan]
copier (vt)	нусха бардоштан	[nusχa bardoʃtan]
trier (vt)	ба хелҳо ҷудо кардан	[ba χelho dʒudo kardan]
copier (vt)	аз нав навиштан	[az nav naviʃtan]
programme (m)	барнома	[barnoma]
logiciel (m)	барномаи таъминотӣ	[barnomai ta'minoti:]
programmeur (m)	барномасоз	[barnomasoz]
programmer (vt)	барномасозӣ кардан	[barnomasozi: kardan]
hacker (m)	хакер	[χaker]
mot (m) de passe	рамз	[ramz]
virus (m)	вирус	[virus]
découvrir (détecter)	кашф кардан	[kaʃf kardan]
bit (m)	байт	[bajt]

mégabit (m)	мегабайт	[megabajt]
données (f pl)	маълумот	[ma'lumot]
base (f) de données	манбаи маълумот	[manbai ma'lumot]

câble (m)	кабел	[kabel]
déconnecter (vt)	чудо кардан	[dʒudo kardan]
connecter (vt)	васл кардан	[vasl kardan]

140. L'Internet. Le courrier électronique

Internet (m)	интернет	[internet]
navigateur (m)	браузер	[brauzer]
moteur (m) de recherche	манбаи ҷустуҷӯкунанда	[manbai dʒustudʒœkunanda]
fournisseur (m) d'accès	провайдер	[provajder]

administrateur (m) de site	веб-мастер	[veb-master]
site (m) web	веб-сомона	[veb-somona]
page (f) web	веб-саҳифа	[veb-sahifa]

| adresse (f) | адрес, унвон | [adres], [unvon] |
| carnet (m) d'adresses | дафтари адресхо | [daftari adresho] |

boîte (f) de réception	қуттии почта	[qutti:i potʃta]
courrier (m)	почта	[potʃta]
pleine (adj)	пур	[pur]

message (m)	хабар	[xabar]
messages (pl) entrants	хабари дароянда	[xabari darojanda]
messages (pl) sortants	хабари бароянда	[xabari barojanda]

expéditeur (m)	ирсолкунанда	[irsolkunanda]
envoyer (vt)	ирсол кардан	[irsol kardan]
envoi (m)	ирсол	[irsol]

| destinataire (m) | гиранда | [giranda] |
| recevoir (vt) | гирифтан | [giriftan] |

| correspondance (f) | мукотиба | [mukotiba] |
| être en correspondance | мукотиба доштан | [mukotiba doʃtan] |

fichier (m)	файл	[fajl]
télécharger (vt)	нусха бардоштан	[nusxa bardoʃtan]
créer (vt)	сохтан	[soxtan]
supprimer (vt)	нобуд кардан	[nobud kardan]
supprimé (adj)	нобудшуда	[nobudʃuda]

connexion (f) (ADSL, etc.)	алоқа	[aloqa]
vitesse (f)	суръат	[sur'at]
modem (m)	модем	[modem]
accès (m)	даромадан	[daromadan]
port (m)	порт	[port]

| connexion (f) (établir la ~) | пайвастан | [pajvastan] |
| se connecter à … | пайваст шудан | [pajvast ʃudan] |

sélectionner (vt)	**интихоб кардан**	[intiχob kardan]
rechercher (vt)	**чустан**	[dʒustan]

Les transports

141. L'avion

avion (m)	ҳавопаймо	[havopajmo]
billet (m) d'avion	чиптаи ҳавопаймо	[tʃiptai havopajmo]
compagnie (f) aérienne	ширкати ҳавопаймой	[ʃirkati havopajmoi:]
aéroport (m)	аэропорт	[aɛroport]
supersonique (adj)	фавқуссадо	[favqussado]
commandant (m) de bord	фармондеҳи киштӣ	[farmondehi kiʃti:]
équipage (m)	экипаж	[ɛkipaʒ]
pilote (m)	сарнишин	[sarniʃin]
hôtesse (f) de l'air	стюардесса	[stjuardessa]
navigateur (m)	штурман	[ʃturman]
ailes (f pl)	қанот	[qanot]
queue (f)	дум	[dum]
cabine (f)	кабина	[kabina]
moteur (m)	муҳаррик	[muharrik]
train (m) d'atterrissage	шассӣ	[ʃassi:]
turbine (f)	турбина	[turbina]
hélice (f)	пропеллер	[propeller]
boîte (f) noire	қуттии сиёҳ	[qutti:i sijɔh]
gouvernail (m)	суккон	[sukkon]
carburant (m)	сӯзишворӣ	[sœziʃvori:]
consigne (f) de sécurité	дастурамали бехатарӣ	[dasturamali beχatari:]
masque (m) à oxygène	ниқоби ҳавои тоза	[niqobi havoi toza]
uniforme (m)	либоси расмӣ	[libosi rasmi:]
gilet (m) de sauvetage	камзӯли наҷотдиҳанда	[kamzœli nadʒotdihanda]
parachute (m)	парашют	[paraʃjut]
décollage (m)	парвоз	[parvoz]
décoller (vi)	парвоз кардан	[parvoz kardan]
piste (f) de décollage	хати парвоз	[χati parvoz]
visibilité (f)	софии ҳаво	[sofi:i havo]
vol (m) (~ d'oiseau)	парвоз	[parvoz]
altitude (f)	баландӣ	[balandi:]
trou (m) d'air	чоҳи ҳаво	[tʃohi havo]
place (f)	ҷой	[dʒoj]
écouteurs (m pl)	гӯшак, гӯшпӯшак	[gœʃak], [gœʃpœʃak]
tablette (f)	мизчаи вошаванда	[miztʃai voʃavanda]
hublot (m)	иллюминатор	[illjuminator]
couloir (m)	гузаргоҳ	[guzargoh]

142. Le train

train (m)	поезд, қатор	[poezd], [qator]
train (m) de banlieue	қатораи барқӣ	[qatorai barqi:]
TGV (m)	қатораи тезгард	[qatorai tezgard]
locomotive (f) diesel	тепловоз	[teplovoz]
locomotive (f) à vapeur	паровоз	[parovoz]
wagon (m)	вагон	[vagon]
wagon-restaurant (m)	вагон-ресторан	[vagon-restoran]
rails (m pl)	релсҳо	[relsho]
chemin (m) de fer	роҳи оҳан	[rohi ohan]
traverse (f)	шпала	[ʃpala]
quai (m)	платформа	[platforma]
voie (f)	роҳ	[roh]
sémaphore (m)	семафор	[semafor]
station (f)	истгоҳ	[istgoh]
conducteur (m) de train	мошинист	[moʃinist]
porteur (m)	ҳаммол	[hammol]
steward (m)	роҳбалад	[rohbalad]
passager (m)	мусофир	[musofir]
contrôleur (m) de billets	нозир	[nozir]
couloir (m)	коридор	[koridor]
frein (m) d'urgence	стоп-кран	[stop-kran]
compartiment (m)	купе	[kupe]
couchette (f)	кат	[kat]
couchette (f) d'en haut	кати боло	[kati bolo]
couchette (f) d'en bas	кати поён	[kati pojon]
linge (m) de lit	чилдҳои болишту бистар	[dʒildhoi boliʃtu bistar]
ticket (m)	билет	[bilet]
horaire (m)	чадвал	[dʒadval]
tableau (m) d'informations	чадвал	[dʒadval]
partir (vi)	дур шудан	[dur ʃudan]
départ (m) (du train)	равон кардан	[ravon kardan]
arriver (le train)	омадан	[omadan]
arrivée (f)	омадан	[omadan]
arriver en train	бо қатора омадан	[bo qatora omadan]
prendre le train	ба қатора нишастан	[ba qatora niʃastan]
descendre du train	фаромадан	[faromadan]
accident (m) ferroviaire	садама	[sadama]
dérailler (vi)	аз релс баромадан	[az rels baromadan]
locomotive (f) à vapeur	паровоз	[parovoz]
chauffeur (m)	алавмон	[alavmon]
chauffe (f)	оташдон	[otaʃdon]
charbon (m)	ангишт	[angiʃt]

143. Le bateau

bateau (m)	киштӣ	[kiʃti:]
navire (m)	киштӣ	[kiʃti:]
bateau (m) à vapeur	пароход	[paroχod]
paquebot (m)	теплоход	[teploχod]
bateau (m) de croisière	лайнер	[lajner]
croiseur (m)	крейсер	[krejser]
yacht (m)	яхта	[jaχta]
remorqueur (m)	таноби ядак	[tanobi jadak]
péniche (f)	баржа	[barʒa]
ferry (m)	паром	[parom]
voilier (m)	киштии бодбондор	[kiʃti:i bodbondor]
brigantin (m)	бригантина	[brigantina]
brise-glace (m)	киштии яхшикан	[kiʃti:i jaχʃikan]
sous-marin (m)	киштии зериобӣ	[kiʃti:i zeriobi:]
canot (m) à rames	қаиқ	[qaiq]
dinghy (m)	қаиқ	[qaiq]
canot (m) de sauvetage	заврақи начот	[zavraqi nadʒot]
canot (m) à moteur	катер	[kater]
capitaine (m)	капитан	[kapitan]
matelot (m)	баҳрчӣ, маллоҳ	[bahrtʃi:], [malloh]
marin (m)	баҳрчӣ	[bahrtʃi:]
équipage (m)	экипаж	[ɛkipaʒ]
maître (m) d'équipage	ботсман	[botsman]
mousse (m)	маллоҳбача	[mallohbatʃa]
cuisinier (m) du bord	кок, ошпази киштӣ	[kok], [oʃpazi kiʃti:]
médecin (m) de bord	духтури киштӣ	[duχturi kiʃti:]
pont (m)	саҳни киштӣ	[sahni kiʃti:]
mât (m)	сутуни киштӣ	[sutuni kiʃti:]
voile (f)	бодбон	[bodbon]
cale (f)	таҳхонаи киштӣ	[tahχonai kiʃti:]
proue (f)	сари кишти	[sari kiʃti]
poupe (f)	думи киштӣ	[dumi kiʃti:]
rame (f)	бели заврақ	[beli zavraq]
hélice (f)	винт	[vint]
cabine (f)	каюта	[kajuta]
carré (m) des officiers	кают-компания	[kajut-kompanija]
salle (f) des machines	шӯъбаи мошинхо	[ʃœ'bai moʃinho]
passerelle (f)	арша	[arʃa]
cabine (f) de T.S.F.	радиохона	[radioχona]
onde (f)	мавч	[mavdʒ]
journal (m) de bord	журнали киштӣ	[ʒurnali kiʃti:]
longue-vue (f)	дурбин	[durbin]
cloche (f)	ноқус, зангӯла	[noqus], [zangœla]

pavillon (m)	байрак	[bajrak]
grosse corde (f) tressée	арғамчини ғафс	[arʁamtʃini ʁafs]
nœud (m) marin	гиреҳ	[gireh]
rampe (f)	даста барои қапидан	[dasta baroi qapidan]
passerelle (f)	зинапоя	[zinapoja]
ancre (f)	лангар	[langar]
lever l'ancre	лангар бардоштан	[langar bardoʃtan]
jeter l'ancre	лангар андохтан	[langar andoχtan]
chaîne (f) d'ancrage	занҷири лангар	[zandʒiri langar]
port (m)	бандар	[bandar]
embarcadère (m)	ҷои киштибандӣ	[dʒoi kiʃtibandi:]
accoster (vi)	ба соҳил овардан	[ba sohil ovardan]
larguer les amarres	ҳаракат кардан	[harakat kardan]
voyage (m) (à l'étranger)	саёҳат	[sajohat]
croisière (f)	круиз	[kruiz]
cap (m) (suivre un ~)	самт	[samt]
itinéraire (m)	маршрут	[marʃrut]
chenal (m)	маъбар	[ma'bar]
bas-fond (m)	тунукоба	[tunukoba]
échouer sur un bas-fond	ба тунукоба шиштан	[ba tunukoba ʃiʃtan]
tempête (f)	тӯфон, бӯрои	[tœfon], [bœroi]
signal (m)	бонг, ишорат	[bong], [iʃorat]
sombrer (vi)	ғарк шудан	[ʁark ʃudan]
Un homme à la mer!	Одам дар об!	[odam dar ob]
SOS (m)	SOS	[sos]
bouée (f) de sauvetage	чамбари наҷот	[tʃambari nadʒot]

144. L'aéroport

aéroport (m)	аэропорт	[aɛroport]
avion (m)	ҳавопаймо	[havopajmo]
compagnie (f) aérienne	ширкати ҳавопаймой	[ʃirkati havopajmoi:]
contrôleur (m) aérien	диспечер	[dispetʃer]
départ (m)	парвоз	[parvoz]
arrivée (f)	парида омадан	[parida omadan]
arriver (par avion)	парида омадан	[parida omadan]
temps (m) de départ	вақти паридан	[vaqti paridan]
temps (m) d'arrivée	вақти шиштан	[vaqti ʃiʃtan]
être retardé	боздоштан	[bozdoʃtan]
retard (m) de l'avion	боздоштани парвоз	[bozdoʃtani parvoz]
tableau (m) d'informations	тахтаи ахборот	[taχtai aχborot]
information (f)	ахборот	[aχborot]
annoncer (vt)	эълон кардан	[ɛ'lon kardan]
vol (m)	сафар, рейс	[safar], [rejs]

douane (f)	гумрукхона	[gumrukχona]
douanier (m)	гумрукчй	[gumruktʃi:]
déclaration (f) de douane	декларатсияи гумрукй	[deklaratsijai gumruki:]
remplir (vt)	пур кардан	[pur kardan]
remplir la déclaration	пур кардани декларатсия	[pur kardani deklaratsija]
contrôle (m) de passeport	назорати шиноснома	[nazorati ʃinosnoma]
bagage (m)	баʁоч, бор	[baʁodʒ], [bor]
bagage (m) à main	бори дастй	[bori dasti:]
chariot (m)	аробаи боʁочкашй	[arobai boʁotʃkaʃi:]
atterrissage (m)	фуруд	[furud]
piste (f) d'atterrissage	хати нишаст	[χati niʃast]
atterrir (vi)	нишастан	[niʃastan]
escalier (m) d'avion	зинапояи киштй	[zinapojai kiʃti:]
enregistrement (m)	баӄайдгирй	[baqajdgiri:]
comptoir (m) d'enregistrement	ӄатори баӄайдгирй	[qatori baqajdgiri:]
s'enregistrer (vp)	ӄайд кунондан	[qajd kunondan]
carte (f) d'embarquement	талони саворшавй	[taloni savorʃavi:]
porte (f) d'embarquement	баромадан	[baromadan]
transit (m)	транзит	[tranzit]
attendre (vt)	поидан	[poidan]
salle (f) d'attente	толори интизорй	[tolori intizori:]
raccompagner (à l'aéroport, etc.)	гусел кардан	[gusel kardan]
dire au revoir	падруд гуфтан	[padrud guftan]

145. Le vélo. La moto

vélo (m)	велосипед	[velosiped]
scooter (m)	мотороллер	[motoroller]
moto (f)	мотосикл	[motosikl]
faire du vélo	бо велосипед рафтан	[bo velosiped raftan]
guidon (m)	рул	[rul]
pédale (f)	педал	[pedal]
freins (m pl)	тормозхо	[tormozho]
selle (f)	зин	[zin]
pompe (f)	насос	[nasos]
porte-bagages (m)	баʁочмонак	[baʁodʒmonak]
phare (m)	фонус	[fonus]
casque (m)	хӯд	[χœd]
roue (f)	чарх	[tʃarχ]
garde-boue (m)	чархпӯш	[tʃarχpœʃ]
jante (f)	чанбар	[tʃanbar]
rayon (m)	парра	[parra]

La voiture

146. Les différents types de voiture

automobile (f)	автомобил	[avtomobil]
voiture (f) de sport	мошини варзишӣ	[moʃini varziʃi:]
limousine (f)	лимузин	[limuzin]
tout-terrain (m)	харчогард, чип	[hardʒogard], [dʒip]
cabriolet (m)	кабриолет	[kabriolet]
minibus (m)	микроавтобус	[mikroavtobus]
ambulance (f)	ёрии таъчилӣ	[jori:i ta'dʒili:]
chasse-neige (m)	мошини барфрӯб	[moʃini barfrœb]
camion (m)	мошини боркаш	[moʃini borkaʃ]
camion-citerne (m)	бензинкаш	[benzinkaʃ]
fourgon (m)	автомобили боркаш	[avtomobili borkaʃ]
tracteur (m) routier	ядакмошин	[jadakmoʃin]
remorque (f)	шатак	[ʃatak]
confortable (adj)	барохат	[barohat]
d'occasion (adj)	нимдошт	[nimdoʃt]

147. La voiture. La carrosserie

capot (m)	капот	[kapot]
aile (f)	чархпӯш	[tʃarχpœʃ]
toit (m)	бом	[bom]
pare-brise (m)	оинаи шамолпанох	[oinai ʃamolpanoh]
rétroviseur (m)	оинаи манзараи акиб	[oinai manzarai aqib]
lave-glace (m)	шӯянда	[ʃœjanda]
essuie-glace (m)	чӯткахои оинатозакунак	[tʃœtkahoi oinatozakunak]
fenêtre (f) latéral	пахлӯоина	[pahlœoina]
lève-glace (m)	оинабардор	[oinabardor]
antenne (f)	антенна	[antenna]
toit (m) ouvrant	люк	[ljuk]
pare-chocs (m)	бампер	[bamper]
coffre (m)	багочмонак	[baʁodʒmonak]
galerie (f) de toit	бормонак	[bormonak]
portière (f)	дарича	[daritʃa]
poignée (f)	дастак	[dastak]
serrure (f)	кулф	[qulf]
plaque (f) d'immatriculation	ракам	[raqam]
silencieux (m)	садонишонак	[sadoniʃonak]

réservoir (m) d'essence	баки бензин	[baki benzin]
pot (m) d'échappement	лӯлаи дудбаро	[lœlai dudbaro]
accélérateur (m)	газ	[gaz]
pédale (f)	педал	[pedal]
pédale (f) d'accélérateur	педали газ	[pedali gaz]
frein (m)	тормоз	[tormoz]
pédale (f) de frein	педали тормоз	[pedali tormoz]
freiner (vi)	тормоз додан	[tormoz dodan]
frein (m) à main	тормози дастӣ	[tormozi dasti:]
embrayage (m)	муфт	[muft]
pédale (f) d'embrayage	педали муфт	[pedali muft]
disque (m) d'embrayage	чархмолаи пайвасткунӣ	[ʧarχmolai pajvastkuni:]
amortisseur (m)	амортизатор	[amortizator]
roue (f)	чарх	[ʧarχ]
roue (f) de rechange	чархи эҳтиётӣ	[ʧarχi ɛhtijoti:]
pneu (m)	покришка	[pokriʃka]
enjoliveur (m)	колпак	[kolpak]
roues (f pl) motrices	чархҳои баранда	[ʧarχhoi baranda]
à traction avant	бо чархони пеш ҳаракаткунанда	[bo ʧarχoni peʃ harakatkunanda]
à traction arrière	бо чархони ақиб амалкунанда	[bo ʧarχoni aqib amalkunanda]
à traction intégrale	бо чор чарх ҳаракаткунанда	[bo ʧor ʧarχ harakatkunanda]
boîte (f) de vitesses	суръатқуттӣ	[sur'atqutti:]
automatique (adj)	автоматӣ	[avtomati:]
mécanique (adj)	механикӣ	[meχaniki:]
levier (m) de vitesse	фишанги суръатқуттӣ	[fiʃangi sur'atqutti:]
phare (m)	чароғ	[ʧaroʁ]
feux (m pl)	чароғҳо	[ʧaroʁho]
feux (m pl) de croisement	чароғи наздик	[ʧaroʁi nazdik]
feux (m pl) de route	чароғи дур	[ʧaroʁi dur]
feux (m pl) stop	стоп-сигнал	[stop-signal]
feux (m pl) de position	чароғаки габаритӣ	[ʧaroʁaki gabariti:]
feux (m pl) de détresse	чароғаки садамавӣ	[ʧaroʁaki sadamavi:]
feux (m pl) de brouillard	чароғаки зидди туман	[ʧaroʁaki ziddi tuman]
clignotant (m)	нишондиҳандаи гардиш	[niʃondihandai gardiʃ]
feux (m pl) de recul	чароғаки ақибравӣ	[ʧaroʁaki aqibravi:]

148. La voiture. L'habitacle

habitacle (m)	салони мошин	[saloni moʃin]
en cuir (adj)	… и чармин	[i ʧarmin]
en velours (adj)	велюрӣ	[veljuri:]
revêtement (m)	рӯйкаш	[rœjkaʃ]

instrument (m)	асбоб	[asbob]
tableau (m) de bord	лавхаи асбобхо	[lavhai asbobho]
indicateur (m) de vitesse	суръатсанч	[sur'atsandʒ]
aiguille (f)	акрабак	[akrabak]

compteur (m) de kilomètres	хисобкунаки масофа	[hisobkunaki masofa]
indicateur (m)	хабардиханда	[χabardihanda]
niveau (m)	сатх	[sath]
témoin (m)	чароғак	[tʃaroʁak]

volant (m)	рул	[rul]
klaxon (m)	сигнал	[signal]
bouton (m)	тугмача	[tugmatʃa]
interrupteur (m)	калид	[kalid]

siège (m)	курсӣ	[kursi:]
dossier (m)	пуштаки курсӣ	[puʃtaki kursi:]
appui-tête (m)	сармонаки курсӣ	[sarmonaki kursi:]
ceinture (f) de sécurité	тасмаи бехатарӣ	[tasmai beχatari:]
mettre la ceinture	тасма гузарондан	[tasma guzarondan]
réglage (m)	танзим	[tanzim]

| airbag (m) | кисаи хаво | [kisai havo] |
| climatiseur (m) | кондитсионер | [konditsioner] |

radio (f)	радио	[radio]
lecteur (m) de CD	CD-монак	[ɔɛ-monak]
allumer (vt)	даргирондан	[dargirondan]
antenne (f)	антенна	[antenna]
boîte (f) à gants	чойи даступшакхо	[dʒoji dastpœʃakho]
cendrier (m)	хокистардон	[χokistardon]

149. La voiture. Le moteur

moteur (m)	мухаррик	[muharrik]
moteur (m)	мотор	[motor]
diesel (adj)	дизелӣ	[dizeli:]
à essence (adj)	бо бензин коркунанда	[bo benzin korkunanda]

capacité (f) du moteur	хачми мухаррик	[hadʒmi muharrik]
puissance (f)	иктидор	[iqtidor]
cheval-vapeur (m)	кувваи асп	[quvvai asp]
piston (m)	поршен	[porʃen]
cylindre (m)	силиндр	[silindr]
soupape (f)	клапан	[klapan]

injecteur (m)	инжектор	[inʒektor]
générateur (m)	генератор	[generator]
carburateur (m)	карбюратор	[karbjurator]
huile (f) moteur	равғани мухаррик	[ravʁani muharrik]

radiateur (m)	радиатор	[radiator]
liquide (m) de refroidissement	моеи хунуккунанда	[moei χunukkunanda]
ventilateur (m)	бодкаш	[bodkaʃ]

batterie (f)	аккумулятор	[akkumuljator]
starter (m)	корандози муҳаррик	[korandozi muharrik]
allumage (m)	даргиронӣ	[dargironi:]
bougie (f) d'allumage	свечаи мошин	[svetʃai moʃin]

borne (f)	пайвандак	[pajvandak]
borne (f) positive	ҷамъ	[dʒam']
borne (f) négative	тарх	[tarh]
fusible (m)	пешгирикунанда	[peʃgirikunanda]

filtre (m) à air	филтри ҳаво	[filtri havo]
filtre (m) à huile	филтри равған	[filtri ravʁan]
filtre (m) à essence	филтри сӯзишворӣ	[filtri sœziʃvori:]

150. La voiture. La réparation

accident (m) de voiture	садама	[sadama]
accident (m) de route	садамаи нақлиётӣ	[sadamai naqlijoti:]
percuter contre ...	бархӯрдан	[barχœrdan]
s'écraser (vp)	маҷрӯҳ шудан	[madʒrœh ʃudan]
dégât (m)	осеб	[oseb]
intact (adj)	саломат	[salomat]

panne (f)	садама	[sadama]
tomber en panne	шикастан	[ʃikastan]
corde (f) de remorquage	трос	[tros]

crevaison (f)	кафидааст	[kafidaast]
crever (vi) (pneu)	холӣ шудан	[χoli: ʃudan]
gonfler (vt)	дам кардан	[dam kardan]
pression (f)	фишор	[fiʃor]
vérifier (vt)	тафтиш кардан	[taftiʃ kardan]

réparation (f)	таъмир	[ta'mir]
garage (m) (atelier)	автосервис	[avtoservis]
pièce (f) détachée	қисми эҳтиётӣ	[qismi ɛhtijoti:]
pièce (f)	қисм	[qism]

boulon (m)	болт	[bolt]
vis (f)	винт	[vint]
écrou (m)	гайка	[gajka]
rondelle (f)	шайба	[ʃajba]
palier (m)	подшипник	[podʃipnik]

tuyau (m)	найча	[najtʃa]
joint (m)	мағзӣ	[maʁzi:]
fil (m)	сим	[sim]

cric (m)	домкрат	[domkrat]
clé (f) de serrage	калиди гайка	[kalidi gajka]
marteau (m)	болғача	[bolʁatʃa]
pompe (f)	насос	[nasos]
tournevis (m)	мурваттоб	[murvattob]
extincteur (m)	оташнишон	[otaʃniʃon]

triangle (m) de signalisation	секунҷаи садамавӣ	[sekundʒai sadamavi:]
caler (vi)	аз кор мондан	[az kor mondan]
calage (m)	хомӯш кардан	[χomœʃ kardan]
être en panne	шикастан	[ʃikastan]

surchauffer (vi)	тафсидан	[tafsidan]
se boucher (vp)	аз чирк маҳкам шудан	[az tʃirk mahkam ʃudan]
geler (vi)	ях бастан	[jaχ bastan]
éclater (tuyau, etc.)	кафидан	[kafidan]

pression (f)	фишор	[fiʃor]
niveau (m)	сатҳ	[sath]
lâche (courroie ~)	суст шудааст	[sust ʃudaast]

fosse (f)	пачақ	[patʃaq]
bruit (m) anormal	овоз, садо	[ovoz], [sado]
fissure (f)	тарқиш	[tarqiʃ]
égratignure (f)	харош	[χaroʃ]

151. La voiture. La route

route (f)	роҳ, раҳ	[roh], [rah]
grande route (autoroute)	автомагистрал	[avtomagistral]
autoroute (f)	шоссе	[ʃosse]
direction (f)	самт	[samt]
distance (f)	масофат	[masofat]

pont (m)	пул, кӯпрук	[pul], [kœpruk]
parking (m)	ҷойи мошинмонӣ	[dʒoji moʃinmoni:]
place (f)	майдон	[majdon]
échangeur (m)	чорсӯ	[tʃorsœ]
tunnel (m)	туннел	[tunnel]

station-service (f)	колонкаи бензингири	[kolonkai benzingiri]
parking (m)	истгоҳи мошинҳо	[istgohi moʃinho]
poste (m) d'essence	бензокалонка	[benzokalonka]
garage (m) (atelier)	автосервис	[avtoservis]
se ravitailler (vp)	пур кардан	[pur kardan]
carburant (m)	сӯзишворӣ	[sœziʃvori:]
jerrycan (m)	канистра	[kanistra]

asphalte (m)	асфалт	[asfalt]
marquage (m)	нишонагузорӣ	[niʃonaguzori:]
bordure (f)	ҳошия, канора	[hoʃija], [kanora]
barrière (f) de sécurité	деворак	[devorak]
fossé (m)	ҷӯйбор	[dʒœjbor]
bas-côté (m)	канори роҳ	[kanori roh]
réverbère (m)	сутун	[sutun]

conduire (une voiture)	рондан	[rondan]
tourner (~ à gauche)	гардонидан	[gardonidan]
faire un demi-tour	тоб хӯрдан	[tob χœrdan]
marche (f) arrière	ақиб рафтан	[aqib raftan]
klaxonner (vi)	сигнал додан	[signal dodan]

coup (m) de klaxon	бонг	[bong]
s'embourber (vp)	дармондан	[darmondan]
déraper (vi)	андармон шудан	[andarmon ʃudan]
couper (le moteur)	хомӯш кардан	[χomœʃ kardan]
vitesse (f)	суръат	[sur'at]
dépasser la vitesse	суръат баланд кардан	[sur'at baland kardan]
mettre une amende	ҷарима андохтан	[dʒarima andoχtan]
feux (m pl) de circulation	чароғи раҳнамо	[tʃaroʁi rahnamo]
permis (m) de conduire	ҳуҷҷати ронандагӣ	[hudʒdʒati ronandagi:]
passage (m) à niveau	гузаргоҳ	[guzargoh]
carrefour (m)	чорраҳа	[tʃorraha]
passage (m) piéton	гузаргоҳи пиёдагардон	[guzargohi pijɔdagardon]
virage (m)	гардиш	[gardiʃ]
zone (f) piétonne	роҳи пиёдагард	[rohi pijɔdagard]

LES GENS. LES ÉVÉNEMENTS

Les grands événements de la vie

152. Les fêtes et les événements

fête (f)	ид, чашн	[id], [ʤaʃn]
fête (f) nationale	иди миллӣ	[idi milli:]
jour (m) férié	рӯзи ид	[rœzi id]
fêter (vt)	ид кардан	[id kardan]
événement (m) (~ du jour)	воқеа, ҳодиса	[voqea], [hodisa]
événement (m) (soirée, etc.)	чорабинӣ	[ʧorabini:]
banquet (m)	зиёфати бошукӯҳ	[zijofati boʃukœh]
réception (f)	қабул, зиёфат	[qabul], [zijofat]
festin (m)	базм	[bazm]
anniversaire (m)	солгард, солагӣ	[solgard], [solagi:]
jubilé (m)	чашн	[ʤaʃn]
célébrer (vt)	чашн гирифтан	[ʤaʃn giriftan]
Nouvel An (m)	Соли Нав	[soli nav]
Bonne année!	Соли нав муборак!	[soli nav muborak]
Père Noël (m)	Бобои барфӣ	[boboi barfi:]
Noël (m)	Мавлуди Исо	[mavludi iso]
Joyeux Noël!	Иди мавлуд муборак!	[idi mavlud muborak]
arbre (m) de Noël	арчаи солинавӣ	[arʧai solinavi:]
feux (m pl) d'artifice	салют	[saljut]
mariage (m)	тӯй, тӯйи арӯсӣ	[tœj], [tœji arœsi:]
fiancé (m)	домод, домодшаванда	[domod], [domodʃavanda]
fiancée (f)	арӯс	[arœs]
inviter (vt)	даъват кардан	[da'vat kardan]
lettre (f) d'invitation	даъватнома	[da'vatnoma]
invité (m)	меҳмон	[mehmon]
visiter (~ les amis)	ба меҳмонӣ рафтан	[ba mehmoni: raftan]
accueillir les invités	қабули меҳмонҳо	[qabuli mehmonho]
cadeau (m)	тӯҳфа	[tœhfa]
offrir (un cadeau)	бахшидан	[baxʃidan]
recevoir des cadeaux	туҳфа гирифтан	[tuhfa giriftan]
bouquet (m)	дастаи гул	[dastai gul]
félicitations (f pl)	муборакбод	[muborakbod]
féliciter (vt)	муборакбод гуфтан	[muborakbod guftan]
carte (f) de veux	аткриткаи табрикӣ	[atkritkai tabriki:]

| envoyer une carte | фиристодани аткритка | [firistodani atkritka] |
| recevoir une carte | аткритка гирифтан | [atkritka giriftan] |

toast (m)	нӯшбод	[nœʃbod]
offrir (un verre, etc.)	зиёфат кардан	[zijɔfat kardan]
champagne (m)	шампан	[ʃampan]

s'amuser (vp)	хурсандӣ кардан	[χursandi: kardan]
gaieté (f)	шодӣ, хурсандӣ	[ʃodi:], [χursandi:]
joie (f) (émotion)	шодӣ	[ʃodi:]

| danse (f) | ракс | [raks] |
| danser (vi, vt) | рақсидан | [raqsidan] |

| valse (f) | валс | [vals] |
| tango (m) | танго | [tango] |

153. L'enterrement. Le deuil

cimetière (m)	гӯристон, қабристон	[gœriston], [qabriston]
tombe (f)	гӯр, кабр	[gœr], [kabr]
croix (f)	салиб	[salib]
pierre (f) tombale	санги қабр	[sangi qabr]
clôture (f)	панҷара	[pandʒara]
chapelle (f)	калисои хурд	[kalisoi χurd]

mort (f)	марг	[marg]
mourir (vi)	мурдан	[murdan]
défunt (m)	раҳматӣ	[rahmati:]
deuil (m)	мотам	[motam]

enterrer (vt)	гӯр кардан	[gœr kardan]
maison (f) funéraire	бюрои дафнкунӣ	[bjuroi dafnkuni:]
enterrement (m)	дафн, ҷаноза	[dafn], [dʒanoza]
couronne (f)	гулчанбар	[gultʃanbar]
cercueil (m)	тобут	[tobut]
corbillard (m)	аробаи тобуткаш	[arobai tobutkaʃ]
linceul (m)	кафан	[kafan]

cortège (m) funèbre	чараёни дафнкунӣ	[dʒarajɔni dafnkuni:]
urne (f) funéraire	зарфи хокистари мурдаи сӯзондашуда	[zarfi χokistari murdai sœzondaʃuda]
crématoire (m)	хонаи мурдасӯзӣ	[χonai murdasœzi:]

nécrologue (m)	таъзиянома	[ta'zijanoma]
pleurer (vi)	гиря кардан	[girja kardan]
sangloter (vi)	нолидан	[nolidan]

154. La guerre. Les soldats

| section (f) | взвод | [vzvod] |
| compagnie (f) | рота | [rota] |

régiment (m)	полк	[polk]
armée (f)	армия, қӯшун	[armija], [qœʃun]
division (f)	дивизия	[divizija]

| détachement (m) | даста | [dasta] |
| armée (f) (Moyen Âge) | қӯшун | [qœʃun] |

| soldat (m) (un militaire) | аскар | [askar] |
| officier (m) | афсар | [afsar] |

soldat (m) (grade)	аскари қаторӣ	[askari qatori:]
sergent (m)	сержант	[serʒant]
lieutenant (m)	лейтенант	[lejtenant]

capitaine (m)	капитан	[kapitan]
commandant (m)	майор	[major]
colonel (m)	полковник	[polkovnik]
général (m)	генерал	[general]

marin (m)	баҳрчӣ	[bahrtʃi:]
capitaine (m)	капитан	[kapitan]
maître (m) d'équipage	ботсман	[botsman]

artilleur (m)	артиллерися	[artillerisja]
parachutiste (m)	десантчӣ	[desanttʃi:]
pilote (m)	лётчик	[ljottʃik]
navigateur (m)	штурман	[ʃturman]
mécanicien (m)	механик	[meχanik]

démineur (m)	сапёр	[sapjor]
parachutiste (m)	парашютчӣ	[paraʃjuttʃi:]
éclaireur (m)	разведкачӣ	[razvedkatʃi:]
tireur (m) d'élite	мерган	[mergan]

patrouille (f)	посбон	[posbon]
patrouiller (vi)	посбонӣ кардан	[posboni: kardan]
sentinelle (f)	посбон	[posbon]

guerrier (m)	ҷанговар, аскар	[dʒangovar], [askar]
héros (m)	қаҳрамон	[qahramon]
héroïne (f)	қаҳрамонзан	[qahramonzan]
patriote (m)	ватандӯст	[vatandœst]

| traître (m) | хоин, хиёнаткор | [χoin], [χijonatkor] |
| trahir (vt) | хиёнат кардан | [χijonat kardan] |

| déserteur (m) | гуреза, фирорӣ | [gureza], [firori:] |
| déserter (vt) | фирор кардан | [firor kardan] |

mercenaire (m)	зархарид	[zarχarid]
recrue (f)	аскари нав	[askari nav]
volontaire (m)	довталаб	[dovtalab]

mort (m)	кушташуда	[kuʃtaʃuda]
blessé (m)	захмдор	[zaχmdor]
prisonnier (m) de guerre	асир	[asir]

155. La guerre. Partie 1

guerre (f)	чанг	[dʒang]
faire la guerre	чангидан	[dʒangidan]
guerre (f) civile	чанги гражданй	[dʒangi graʒdani:]
perfidement (adv)	аҳдшиканона	[ahdʃikanona]
déclaration (f) de guerre	эълони чанг	[ɛ'loni dʒang]
déclarer (la guerre)	эълон кардан	[ɛ'lon kardan]
agression (f)	тачовуз, агрессия	[tadʒovuz], [agressija]
attaquer (~ un pays)	хучум кардан	[hudʒum kardan]
envahir (vt)	забт кардан	[zabt kardan]
envahisseur (m)	забткунанда	[zabtkunanda]
conquérant (m)	забткунанда	[zabtkunanda]
défense (f)	мудофиа	[mudofia]
défendre (vt)	мудофиа кардан	[mudofia kardan]
se défendre (vp)	худро мудофиа кардан	[χudro mudofia kardan]
ennemi (m)	душман	[duʃman]
adversaire (m)	рақиб	[raqib]
ennemi (adj) (territoire ~)	… и душман	[i duʃman]
stratégie (f)	стратегия	[strategija]
tactique (f)	тактика	[taktika]
ordre (m)	фармон	[farmon]
commande (f)	фармон	[farmon]
ordonner (vt)	фармон додан	[farmon dodan]
mission (f)	супориш	[suporiʃ]
secret (adj)	пинхонй	[pinhoni:]
bataille (f)	чанг	[dʒang]
combat (m)	муҳориба	[muhoriba]
attaque (f)	ҳамла	[ḥamla]
assaut (m)	хучум	[hudʒum]
prendre d'assaut	хучуми қатъй кардан	[hudʒumi qat'i: kardan]
siège (m)	муҳосира	[muhosira]
offensive (f)	хучум	[hudʒum]
passer à l'offensive	хучум кардан	[hudʒum kardan]
retraite (f)	ақибнишинй	[aqibniʃini:]
faire retraite	ақиб гаштан	[aqib gaʃtan]
encerclement (m)	муҳосира, иҳота	[muhosira], [ihota]
encercler (vt)	муҳосира кардан	[muhosira kardan]
bombardement (m)	бомбаандозй	[bombaandozi:]
lancer une bombe	бомба партофтан	[bomba partoftan]
bombarder (vt)	бомбаборон кардан	[bombaboron kardan]
explosion (f)	таркиш, таркидан	[tarkiʃ], [tarkidan]
coup (m) de feu	тир, тирпарронй	[tir], [tirparroni:]

| tirer un coup de feu | тир паррондан | [tir parrondan] |
| fusillade (f) | тирпаррони | [tirparroni:] |

viser ... (cible)	нишон гирифтан	[niʃon giriftan]
pointer (sur ...)	рост кардан	[rost kardan]
atteindre (cible)	задан	[zadan]

faire sombrer	ғарқ кардан	[ʁarq kardan]
trou (m) (dans un bateau)	сӯрох	[sœroχ]
sombrer (navire)	ғарқ шудан	[ʁarq ʃudan]

front (m)	фронт, чабха	[front], [dʒabχa]
évacuation (f)	тахлия	[taχlija]
évacuer (vt)	тахлия кардан	[taχlija kardan]

tranchée (f)	хандақ	[χandaq]
barbelés (m pl)	симхор	[simχor]
barrage (m) (~ antichar)	садд	[sadd]
tour (f) de guet	бурчи дидбони	[burʧi didboni:]

hôpital (m)	беморхонаи ҳарби	[bemorχonai harbi:]
blesser (vt)	захмдор кардан	[zaχmdor kardan]
blessure (f)	захм, реш	[zaχm], [reʃ]
blessé (m)	захмдор	[zaχmdor]
être blessé	захм бардоштан	[zaχm bardoʃtan]
grave (blessure)	вазнин	[vaznin]

156. Les armes

arme (f)	яроқ, силоҳ	[jaroq], [siloh]
armes (f pl) à feu	аслиҳаи оташфишон	[aslihai otaʃfiʃon]
armes (f pl) blanches	яроқи беоташ	[jaroqi beotaʃ]

arme (f) chimique	силоҳи химияви	[silohi χimijavi:]
nucléaire (adj)	... и ядро, ядрои	[i jadro], [jadroi:]
arme (f) nucléaire	аслиҳаи ядрои	[aslihai jadroi:]

| bombe (f) | бомба | [bomba] |
| bombe (f) atomique | бомбаи атоми | [bombai atomi:] |

pistolet (m)	тапонча	[taponʧa]
fusil (m)	милтиқ	[miltiq]
mitraillette (f)	автомат	[avtomat]
mitrailleuse (f)	пулемёт	[pulemjot]

bouche (f)	даҳони мил	[dahoni mil]
canon (m)	мил	[mil]
calibre (m)	калибр	[kalibr]

gâchette (f)	куланги силоҳи оташфишон	[kulangi silohi otaʃfiʃon]
mire (f)	нишон	[niʃon]
magasin (m)	тирдон	[tirdon]
crosse (f)	қундоқ	[qundoq]

grenade (f) à main	гранатаи дастӣ	[granatai dasti:]
explosif (m)	моддаи тарканда	[moddai tarkanda]
balle (f)	тир	[tir]
cartouche (f)	тир	[tir]
charge (f)	заряд	[zarjad]
munitions (f pl)	лавозимоти ҷангӣ	[lavozimoti dʒangi:]
bombardier (m)	самолёти бомбаандоз	[samoljoti bombaandoz]
avion (m) de chasse	қиркунанда	[qirkunanda]
hélicoptère (m)	вертолёт	[vertoljot]
pièce (f) de D.C.A.	тӯпи зенитӣ	[tœpi zeniti:]
char (m)	танк	[tank]
canon (m) d'un char	тӯп	[tœp]
artillerie (f)	артиллерия	[artillerija]
canon (m)	тӯп	[tœp]
pointer (~ l'arme)	рост кардан	[rost kardan]
obus (m)	тир, тири тӯп	[tir], [tiri tœp]
obus (m) de mortier	минаи миномёт	[minai minomjot]
mortier (m)	миномёт	[minomjot]
éclat (m) d'obus	тикка	[tikka]
sous-marin (m)	киштии зериобӣ	[kiʃti:i zeriobi:]
torpille (f)	торпеда	[torpeda]
missile (m)	ракета	[raketa]
charger (arme)	тир пур кардан	[tir pur kardan]
tirer (vi)	тир задан	[tir zadan]
viser ... (cible)	нишон гирифтан	[niʃon giriftan]
baïonnette (f)	найза	[najza]
épée (f)	шамшер	[ʃamʃer]
sabre (m)	шамшер, шоф	[ʃamʃer], [ʃof]
lance (f)	найза	[najza]
arc (m)	камон	[kamon]
flèche (f)	тир	[tir]
mousquet (m)	туфанг	[tufang]
arbalète (f)	камон, камонғӯлак	[kamon], [kamonʁœlak]

157. Les hommes préhistoriques

primitif (adj)	ибтидой	[ibtidoi:]
préhistorique (adj)	пеш аз таърих	[peʃ az ta'riχ]
ancien (adj)	қадим	[qadim]
Âge (m) de pierre	Асри сангин	[asri sangin]
Âge (m) de bronze	Давраи биринҷӣ	[davrai birindʒi:]
période (f) glaciaire	Давраи яхбандӣ	[davrai jaχbandi:]
tribu (f)	қабила	[qabila]
cannibale (m)	одамхӯр	[odamχœr]

chasseur (m)	шикорчй	[ʃikortʃi:]
chasser (vi, vt)	шикор кардан	[ʃikor kardan]
mammouth (m)	мамонт	[mamont]
caverne (f)	ғор	[ʁor]
feu (m)	оташ	[otaʃ]
feu (m) de bois	гулхан	[gulχan]
dessin (m) rupestre	нақшҳои рӯйи санг	[naqʃhoi rœji sang]
outil (m)	олати меҳнат	[olati mehnat]
lance (f)	найза	[najza]
hache (f) en pierre	табари сангин	[tabari sangin]
faire la guerre	ҷангидан	[dʒangidan]
domestiquer (vt)	дастомӯз кардан	[dastomœz kardan]
idole (f)	бут, санам	[but], [sanam]
adorer, vénérer (vt)	парастидан	[parastidan]
superstition (f)	хурофот	[χurofot]
rite (m)	расм, маросим	[rasm], [marosim]
évolution (f)	таҳаввул	[tahavvul]
développement (m)	пешравй	[peʃravi:]
disparition (f)	нест шудан	[nest ʃudan]
s'adapter (vp)	мувофиқат кардан	[muvofiqat kardan]
archéologie (f)	археология	[arχeologija]
archéologue (m)	археолог	[arχeolog]
archéologique (adj)	археологй	[arχeologi:]
site (m) d'excavation	ҳафриёт	[hafrijot]
fouilles (f pl)	ҳафриёт	[hafrijot]
trouvaille (f)	бозёфт	[bozjoft]
fragment (m)	порча	[portʃa]

158. Le Moyen Âge

peuple (m)	халқ	[χalq]
peuples (m pl)	халқхо	[χalqho]
tribu (f)	қабила	[qabila]
tribus (f pl)	қабилахо	[qabilaho]
Barbares (m pl)	барбархо	[barbarho]
Gaulois (m pl)	галлхо	[gallho]
Goths (m pl)	готхо	[gotho]
Slaves (m pl)	сақлоб	[saqlob]
Vikings (m pl)	викингхо	[vikingho]
Romains (m pl)	румихо	[rumiho]
romain (adj)	… и Рим, римй	[i rim], [rimi:]
byzantins (m pl)	византиягихо	[vizantijagiho]
Byzance (f)	Византия	[vizantija]
byzantin (adj)	византиягӣ	[vizantijagi:]
empereur (m)	император	[imperator]

chef (m)	пешво, роҳбар	[peʃvo], [rohbar]
puissant (adj)	тавоно	[tavono]
roi (m)	шоҳ	[ʃoh]
gouverneur (m)	ҳукмдор	[hukmdor]
chevalier (m)	баҳодур	[bahodur]
féodal (m)	феодал	[feodal]
féodal (adj)	феодалй	[feodali:]
vassal (m)	вассал	[vassal]
duc (m)	гертсог	[gertsog]
comte (m)	граф	[graf]
baron (m)	барон	[baron]
évêque (m)	епископ	[episkop]
armure (f)	либосу аслиҳаи чангй	[libosu aslihai ʧangi:]
bouclier (m)	сипар	[sipar]
glaive (m)	шамшер	[ʃamʃer]
visière (f)	рӯйпӯши тоскулоҳ	[rœjpœʃi toskuloh]
cotte (f) de mailles	зиреҳ	[zireh]
croisade (f)	юриши салибдорон	[juriʃi salibdoron]
croisé (m)	салибдор	[salibdor]
territoire (m)	хок	[χok]
attaquer (~ un pays)	ҳучум кардан	[huʤum kardan]
conquérir (vt)	забт кардан	[zabt kardan]
occuper (envahir)	ғасб кардан	[ʁasb kardan]
siège (m)	муҳосира	[muhosira]
assiégé (adj)	муҳосирашуда	[muhosiraʃuda]
assiéger (vt)	муҳосира кардан	[muhosira kardan]
inquisition (f)	инквизитсия	[inkvizitsija]
inquisiteur (m)	инквизитор	[inkvizitor]
torture (f)	шиканча	[ʃikanʤa]
cruel (adj)	бераҳм	[berahm]
hérétique (m)	бидъаткор	[bid'atkor]
hérésie (f)	бидъат	[bid'at]
navigation (f) en mer	баҳрнавардй	[bahrnavardi:]
pirate (m)	роҳзани баҳрй	[rohzani bahri:]
piraterie (f)	роҳзании баҳрй	[rohzani:i bahri:]
abordage (m)	абордаж	[abordaʒ]
butin (m)	сайд, ғанимат	[sajd], [ʁanimat]
trésor (m)	ганч	[ganʤ]
découverte (f)	кашф	[kaʃf]
découvrir (vt)	кашф кардан	[kaʃf kardan]
expédition (f)	экспедитсия	[ɛkspeditsija]
mousquetaire (m)	туфангдор	[tufangdor]
cardinal (m)	кардинал	[kardinal]
héraldique (f)	гербшиносй	[gerbʃinosi:]
héraldique (adj)	… и гербшиносй	[i gerbʃinosi:]

159. Les dirigeants. Les responsables. Les autorités

roi (m)	шоҳ	[ʃoh]
reine (f)	малика	[malika]
royal (adj)	шоҳӣ, ... и шоҳ	[ʃohi:], [i ʃoh]
royaume (m)	шоҳигарӣ	[ʃohigari:]
prince (m)	шоҳзода	[ʃohzoda]
princesse (f)	шоҳдухтар	[ʃohduχtar]
président (m)	президент	[prezident]
vice-président (m)	ноиб-президент	[noib-prezident]
sénateur (m)	сенатор	[senator]
monarque (m)	монарх, подшоҳ	[monarχ], [podʃoh]
gouverneur (m)	ҳукмдор	[hukmdor]
dictateur (m)	ҳукмфармо	[hukmfarmo]
tyran (m)	мустабид	[mustabid]
magnat (m)	магнат	[magnat]
directeur (m)	директор, мудир	[direktor], [mudir]
chef (m)	сардор	[sardor]
gérant (m)	идоракунанда	[idorakunanda]
boss (m)	хӯҷаин, саркор	[χœʤain], [sarkor]
patron (m)	соҳиб, хӯҷаин	[sohib], [χœʤain]
leader (m)	сарвар, роҳбар	[sarvar], [rohbar]
chef (m) (~ d'une délégation)	сардор	[sardor]
autorités (f pl)	ҳукумат	[hukumat]
supérieurs (m pl)	сардорон	[sardoron]
gouverneur (m)	губернатор	[gubernator]
consul (m)	консул	[konsul]
diplomate (m)	дипломат	[diplomat]
maire (m)	мир	[mir]
shérif (m)	шериф	[ʃerif]
empereur (m)	император	[imperator]
tsar (m)	шоҳ	[ʃoh]
pharaon (m)	фиръавн	[fir'avn]
khan (m)	хон	[χon]

160. Les crimes. Les criminels. Partie 1

bandit (m)	роҳзан	[rohzan]
crime (m)	ҷиноят	[ʤinojat]
criminel (m)	ҷинояткор	[ʤinojatkor]
voleur (m)	дузд	[duzd]
voler (qch à qn)	дуздидан	[duzdidan]
vol (m) (activité)	дуздӣ	[duzdi:]
vol (m) (~ à la tire)	ғорат	[ʁorat]
kidnapper (vt)	дуздидан	[duzdidan]

kidnapping (m)	одамдуздй	[odamduzdi:]
kidnappeur (m)	одамдузд	[odamduzd]
rançon (f)	фидия	[fidija]
exiger une rançon	фидия талаб кардан	[fidija talab kardan]
cambrioler (vt)	ғорат кардан	[ʁorat kardan]
cambriolage (m)	ғорат	[ʁorat]
cambrioleur (m)	ғоратгар	[ʁoratgar]
extorquer (vt)	тамаъ ҷустан	[tama' dʒustan]
extorqueur (m)	тамаъкор	[tama'kor]
extorsion (f)	тамаъҷӯӣ	[tama'dʒœi:]
tuer (vt)	куштан	[kuʃtan]
meurtre (m)	қатл, куштор	[qatl], [kuʃtor]
meurtrier (m)	кушанда	[kuʃanda]
coup (m) de feu	тир, тирпарронӣ	[tir], [tirparroni:]
tirer un coup de feu	тир паррондан	[tir parrondan]
abattre (par balle)	паррондан	[parrondan]
tirer (vi)	тир задан	[tir zadan]
coups (m pl) de feu	тирандозй	[tirandozi:]
incident (m)	ҳодиса	[hodisa]
bagarre (f)	занозанй	[zanozani:]
Au secours!	Ёри диҳед!	[jori dihed]
victime (f)	қурбонй, қурбон	[qurboni:], [qurbon]
endommager (vt)	осеб расонидан	[oseb rasonidan]
dommage (m)	зарар	[zarar]
cadavre (m)	ҷасад	[dʒasad]
grave (~ crime)	вазнин	[vaznin]
attaquer (vt)	ҳуҷум кардан	[hudʒum kardan]
battre (frapper)	задан	[zadan]
passer à tabac	лату кӯб кардан	[latu kœb kardan]
prendre (voler)	кашида гирифтан	[kaʃida giriftan]
poignarder (vt)	сар буридан	[sar buridan]
mutiler (vt)	маъюб кардан	[ma'jub kardan]
blesser (vt)	захмдор кардан	[zaχmdor kardan]
chantage (m)	таҳдид	[tahdid]
faire chanter	таҳдид кардан	[tahdid kardan]
maître (m) chanteur	таҳдидгар	[tahdidgar]
racket (m) de protection	рэкет	[rɛket]
racketteur (m)	рэкетчй	[rɛkettʃi:]
gangster (m)	роҳзан, ғоратгар	[rohzan], [ʁoratgar]
mafia (f)	мафия	[mafija]
pickpocket (m)	кисабур	[kisabur]
cambrioleur (m)	дузди қулфшикан	[duzdi qulfʃikan]
contrebande (f) (trafic)	қочоқчигй	[qotʃoqtʃigi:]
contrebandier (m)	қочоқчй	[qotʃoqtʃi:]
contrefaçon (f)	сохтакорй	[soχtakori:]

| falsifier (vt) | сохтакорӣ кардан | [soxtakori: kardan] |
| faux (falsifié) | қалбакӣ | [qalbaqi:] |

161. Les crimes. Les criminels. Partie 2

viol (m)	тачовуз ба номус	[tadʒovuz ba nomus]
violer (vt)	ба номус тачовуз кардан	[ba nomus tadʒovuz kardan]
violeur (m)	зӯрикунанда	[zœrikunanda]
maniaque (m)	васвосӣ, савдой	[vasvosi:], [savdoi:]

prostituée (f)	фохиша	[fohiʃa]
prostitution (f)	фохишагӣ	[fohiʃagi:]
souteneur (m)	занчаллоб	[zandʒallob]

| drogué (m) | нашъаманд | [naʃʼamand] |
| trafiquant (m) de drogue | нашъачаллоб | [naʃʼadʒallob] |

faire exploser	таркондан	[tarkondan]
explosion (f)	таркиш, таркидан	[tarkiʃ], [tarkidan]
mettre feu	оташ задан	[otaʃ zadan]
incendiaire (m)	оташзананда	[otaʃzananda]

terrorisme (m)	терроризм	[terrorizm]
terroriste (m)	террорчӣ	[terrortʃi:]
otage (m)	шахси гаравӣ, гаравгон	[ʃaxsi garavi:], [garavgon]

escroquer (vt)	фиреб додан, фирефтан	[fireb dodan], [fireftan]
escroquerie (f)	фиреб	[fireb]
escroc (m)	фиребгар	[firebgar]

soudoyer (vt)	пора додан	[pora dodan]
corruption (f)	пора додан	[pora dodan]
pot-de-vin (m)	пора, ришва	[pora], [riʃva]

poison (m)	захр	[zahr]
empoisonner (vt)	захр додан	[zahr dodan]
s'empoisonner (vp)	захр хӯрдан	[zahr xœrdan]

| suicide (m) | худкушӣ | [xudkuʃi:] |
| suicidé (m) | худкуш | [xudkuʃ] |

menacer (vt)	дӯғ задан	[dœʁ zadan]
menace (f)	дӯғ, пӯписа	[dœʁ], [pœpisa]
attenter (vt)	суиқасд кардан	[suiqasd kardan]
attentat (m)	суиқасд	[suiqasd]

| voler (un auto) | дуздидан | [duzdidan] |
| détourner (un avion) | дуздидан | [duzdidan] |

| vengeance (f) | интиқом | [intiqom] |
| se venger (vp) | интиқом гирифтан | [intiqom giriftan] |

| torturer (vt) | шиканча кардан | [ʃikandʒa kardan] |
| torture (f) | шиканча | [ʃikandʒa] |

tourmenter (vt)	азоб додан	[azob dodan]
pirate (m)	роҳзани баҳрӣ	[rohzani bahri:]
voyou (m)	бадахлоқ	[badaxloq]
armé (adj)	мусаллаҳ	[musallah]
violence (f)	таҷовуз	[tadʒovuz]
illégal (adj)	ғайрилегалӣ	[ʁajrilegali:]
espionnage (m)	ҷосусӣ	[dʒosusi:]
espionner (vt)	ҷосусӣ кардан	[dʒosusi: kardan]

162. La police. La justice. Partie 1

justice (f)	адлия	[adlija]
tribunal (m)	суд	[sud]
juge (m)	довар	[dovar]
jury (m)	суди халқӣ	[sudi xalqi:]
cour (f) d'assises	суди касамиён	[sudi kasamijon]
juger (vt)	суд кардан	[sud kardan]
avocat (m)	адвокат, ҳимоягар	[advokat], [himojagar]
accusé (m)	айбдор	[ajbdor]
banc (m) des accusés	курсии судшаванда	[kursi:i sudʃavanda]
inculpation (f)	айбдоркунӣ	[ajbdorkuni:]
inculpé (m)	айбдоршаванда	[ajbdorʃavanda]
condamnation (f)	ҳукм, ҳукмнома	[hukm], [hukmnoma]
condamner (vt)	ҳукм кардан	[hukm kardan]
coupable (m)	гунаҳкор, айбдор	[gunahkor], [ajbdor]
punir (vt)	ҷазо додан	[dʒazo dodan]
punition (f)	ҷазо	[dʒazo]
amende (f)	ҷарима	[dʒarima]
détention (f) à vie	ҳабси якумрӣ	[habsi jakumri:]
peine (f) de mort	ҷазои қатл	[dʒazoi qatl]
chaise (f) électrique	курсии барқӣ	[kursi:i barqi:]
potence (f)	дор	[dor]
exécuter (vt)	қатл кардан	[qatl kardan]
exécution (f)	ҳукми куш	[hukmi kuʃ]
prison (f)	маҳбас	[mahbas]
cellule (f)	камера	[kamera]
escorte (f)	қаравулон	[qaravulon]
gardien (m) de prison	назоратчии ҳабсхона	[nazorattʃi:i habsxona]
prisonnier (m)	маҳбус	[mahbus]
menottes (f pl)	дастбанд	[dastband]
mettre les menottes	ба даст кишан андохтан	[ba dast kiʃan andoxtan]
évasion (f)	гурез	[gurez]
s'évader (vp)	гурехтан	[gurextan]

disparaître (vi)	гум шудан	[gum ʃudan]
libérer (vt)	озод кардан	[ozod kardan]
amnistie (f)	амнистия, афви умумй	[amnistija], [afvi umumi:]

police (f)	полис	[polis]
policier (m)	полис	[polis]
commissariat (m) de police	милисахона	[milisaχona]
matraque (f)	чӯбдасти резинй	[tʃœbdasti rezini:]
haut parleur (m)	баландгӯяк	[balandgœjak]

voiture (f) de patrouille	мошини дидбонй	[moʃini didboni:]
sirène (f)	бурғу	[burʁu]
enclencher la sirène	даргиронидани сирена	[dargironidani sirena]
hurlement (m) de la sirène	хуввоси сирена	[huvvosi sirena]

lieu (m) du crime	чойи чиноят	[dʒoji dʒinojat]
témoin (m)	шохид	[ʃohid]
liberté (f)	озодй	[ozodi:]
complice (m)	шарик	[ʃarik]
s'enfuir (vp)	панох шудан	[panoh ʃudan]
trace (f)	пай	[paj]

163. La police. La justice. Partie 2

recherche (f)	чустучӯ	[dʒustudʒœ]
rechercher (vt)	чустучӯ кардан	[dʒustudʒœ kardan]
suspicion (f)	шубха	[ʃubha]
suspect (adj)	шубханок	[ʃubhanok]
arrêter (dans la rue)	нигох доштан	[nigoh doʃtan]
détenir (vt)	дастгир кардан	[dastgir kardan]

affaire (f) (~ pénale)	кори чиноятй	[kori dʒinojati:]
enquête (f)	тафтиш	[taftiʃ]
détective (m)	муфаттиши махфй	[mufattiʃi maχfi:]
enquêteur (m)	муфаттиш	[mufattiʃ]
hypothèse (f)	версия	[versija]

motif (m)	ангеза	[angeza]
interrogatoire (m)	истинток кардан	[istintok kardan]
interroger (vt)	истинток	[istintok]
interroger (~ les voisins)	райпурсй кардан	[rajpursi: kardan]
inspection (f)	тафтиш	[taftiʃ]

rafle (f)	мухосира,ихота	[muhosira,ihota]
perquisition (f)	кофтуков	[koftukov]
poursuite (f)	таъкиб	[ta'qib]
poursuivre (vt)	таъкиб кардан	[ta'qib kardan]
dépister (vt)	поидан	[poidan]

arrestation (f)	хабс	[habs]
arrêter (vt)	хабс кардан	[habs kardan]
attraper (~ un criminel)	дастгир кардан	[dastgir kardan]
capture (f)	дастгир карданй	[dastgir kardani:]
document (m)	хуччат, санад	[hudʒdʒat], [sanad]

preuve (f)	исбот	[isbot]
prouver (vt)	исбот кардан	[isbot kardan]
empreinte (f) de pied	из, пай	[iz], [paj]
empreintes (f pl) digitales	нақши ангуштон	[naqʃi anguʃton]
élément (m) de preuve	далел	[dalel]
alibi (m)	алиби	[alibi]
innocent (non coupable)	бегуноҳ, беайб	[begunoh], [beajb]
injustice (f)	беадолатӣ	[beadolati:]
injuste (adj)	беинсоф	[beinsof]
criminel (adj)	ҷиноятӣ	[dʒinojati:]
confisquer (vt)	мусодира кардан	[musodira kardan]
drogue (f)	маводи нашъадор	[mavodi naʃador]
arme (f)	яроқ	[jaroq]
désarmer (vt)	беяроқ кардан	[bejarok kardan]
ordonner (vt)	фармон додан	[farmon dodan]
disparaître (vi)	гум шудан	[gum ʃudan]
loi (f)	қонун	[qonun]
légal (adj)	конунӣ, … и конун	[konuni:], [i konun]
illégal (adj)	ғайриқонунӣ	[ʁajriqonuni:]
responsabilité (f)	ҷавобгарӣ	[dʒavobgari:]
responsable (adj)	ҷавобгар	[dʒavobgar]

LA NATURE

La Terre. Partie 1

164. L'espace cosmique

cosmos (m)	кайҳон	[kajhon]
cosmique (adj)	... и кайҳон	[i kajhon]
espace (m) cosmique	фазои кайҳон	[fazoi kajhon]
monde (m)	чаҳон	[dʒahon]
univers (m)	коинот	[koinot]
galaxie (f)	галактика	[galaktika]
étoile (f)	ситора	[sitora]
constellation (f)	бурҷ	[burdʒ]
planète (f)	сайёра	[sajjora]
satellite (m)	радиф	[radif]
météorite (m)	метеорит, шиҳобпора	[meteorit], [ʃihobpora]
comète (f)	ситораи думдор	[sitorai dumdor]
astéroïde (m)	астероид	[asteroid]
orbite (f)	мадор	[mador]
tourner (vi)	давр задан	[davr zadan]
atmosphère (f)	атмосфера	[atmosfera]
Soleil (m)	Офтоб	[oftob]
système (m) solaire	манзумаи шамсӣ	[manzumai ʃamsi:]
éclipse (f) de soleil	гирифтани офтоб	[giriftani oftob]
Terre (f)	Замин	[zamin]
Lune (f)	Моҳ	[moh]
Mars (m)	Миррих	[mirriχ]
Vénus (f)	Зӯҳра, Ноҳид	[zœhra], [nohid]
Jupiter (m)	Муштарӣ	[muʃtari:]
Saturne (m)	Кайвон	[kajvon]
Mercure (m)	Уторид	[utorid]
Uranus (m)	Уран	[uran]
Neptune	Нептун	[neptun]
Pluton (m)	Плутон	[pluton]
la Voie Lactée	Роҳи Каҳкашон	[rohi kahkaʃon]
la Grande Ours	Дубби Акбар	[dubbi akbar]
la Polaire	Ситораи қутбӣ	[sitorai qutbi:]
martien (m)	миррихӣ	[mirriχi:]
extraterrestre (m)	инопланетянҳо	[inoplanetjanho]

| alien (m) | махлуқӣ кайҳонӣ | [maχluqi: kajhoni:] |
| soucoupe (f) volante | табақи парвозкунанда | [tabaqi parvozkunanda] |

vaisseau (m) spatial	киштии кайҳонӣ	[kiʃti:i kajhoni:]
station (f) orbitale	стантсияи мадорӣ	[stantsijai madori:]
lancement (m)	оғоз	[oʁoz]

moteur (m)	муҳаррик	[muharrik]
tuyère (f)	сопло	[soplo]
carburant (m)	сӯзишворӣ	[sœziʃvori:]

| cabine (f) | кабина | [kabina] |
| antenne (f) | антенна | [antenna] |

hublot (m)	иллюминатор	[illjuminator]
batterie (f) solaire	батареи офтобӣ	[batarei oftobi:]
scaphandre (m)	скафандр	[skafandr]

| apesanteur (f) | бевазнӣ | [bevazni:] |
| oxygène (m) | оксиген | [oksigen] |

| arrimage (m) | пайваст | [pajvast] |
| s'arrimer à ... | пайваст кардан | [pajvast kardan] |

| observatoire (m) | расадхона | [rasadχona] |
| télescope (m) | телескоп | [teleskop] |

| observer (vt) | мушоҳида кардан | [muʃohida kardan] |
| explorer (un cosmos) | таҳқиқ кардан | [tahqiq kardan] |

165. La Terre

Terre (f)	Замин	[zamin]
globe (m) terrestre	кураи замин	[kurai zamin]
planète (f)	сайёра	[sajjɔra]

atmosphère (f)	атмосфера	[atmosfera]
géographie (f)	география	[geografija]
nature (f)	табиат	[tabiat]

globe (m) de table	глобус	[globus]
carte (f)	харита	[χarita]
atlas (m)	атлас	[atlas]

Asie (f)	Осиё	[osijɔ]
Afrique (f)	Африқо	[afriqo]
Australie (f)	Австралия	[avstralija]

Amérique (f)	Америка	[amerika]
Amérique (f) du Nord	Америкаи Шимолӣ	[amerikai ʃimoli:]
Amérique (f) du Sud	Америкаи Ҷанубӣ	[amerikai dʒanubi:]

| l'Antarctique (m) | Антарктида | [antarktida] |
| l'Arctique (m) | Арктика | [arktika] |

166. Les quatre parties du monde

nord (m)	шимол	[ʃimol]
vers le nord	ба шимол	[ba ʃimol]
au nord	дар шимол	[dar ʃimol]
du nord (adj)	шимолӣ, ... и шимол	[ʃimoli:], [i ʃimol]
sud (m)	ҷануб	[dʒanub]
vers le sud	ба ҷануб	[ba dʒanub]
au sud	дар ҷануб	[dar dʒanub]
du sud (adj)	ҷанубӣ, ... и ҷануб	[dʒanubi:], [i dʒanub]
ouest (m)	ғарб	[ʁarb]
vers l'occident	ба ғарб	[ba ʁarb]
à l'occident	дар ғарб	[dar ʁarb]
occidental (adj)	ғарбӣ, ... и ғарб	[ʁarbi:], [i ʁarb]
est (m)	шарқ	[ʃarq]
vers l'orient	ба шарқ	[ba ʃarq]
à l'orient	дар шарқ	[dar ʃarq]
oriental (adj)	шарқӣ	[ʃarqi:]

167. Les océans et les mers

mer (f)	баҳр	[bahr]
océan (m)	уқёнус	[uqjɔnus]
golfe (m)	халиҷ	[xalidʒ]
détroit (m)	гулӯгоҳ	[gulœgoh]
terre (f) ferme	хушкӣ, замин	[xuʃki:], [zamin]
continent (m)	материк, қитъа	[materik], [qit'a]
île (f)	ҷазира	[dʒazira]
presqu'île (f)	нимҷазира	[nimdʒazira]
archipel (m)	галаҷазира	[galadʒazira]
baie (f)	халиҷ	[xalidʒ]
port (m)	бандар	[bandar]
lagune (f)	лагуна	[laguna]
cap (m)	димоға	[dimoʁa]
atoll (m)	атолл	[atoll]
récif (m)	харсанги зериобӣ	[xarsangi zeriobi:]
corail (m)	марҷон	[mardʒon]
récif (m) de corail	обсанги марҷонӣ	[obsangi mardʒoni:]
profond (adj)	чуқур	[tʃuqur]
profondeur (f)	чуқурӣ	[tʃuquri:]
abîme (m)	қаър	[qa'r]
fosse (f) océanique	чуқурӣ	[tʃuquri:]
courant (m)	ҷараён	[dʒarajɔn]
baigner (vt) (mer)	шустан	[ʃustan]

| littoral (m) | соҳил, соҳили баҳр | [sohil], [sohili bahr] |
| côte (f) | соҳил | [sohil] |

marée (f) haute	мадд	[madd]
marée (f) basse	ҷазр	[dʒazr]
banc (m) de sable	пастоб	[pastob]
fond (m)	қаър	[qa'r]

vague (f)	мавҷ	[mavdʒ]
crête (f) de la vague	теғаи мавҷ	[teʁai mavdʒ]
mousse (f)	кафк	[kafk]

tempête (f) en mer	тӯфон, бӯрои	[tœfon], [bœroi]
ouragan (m)	тундбод	[tundbod]
tsunami (m)	сунами	[sunami]
calme (m)	сукунати ҳаво	[sukunati havo]
calme (tranquille)	ором	[orom]

| pôle (m) | қутб | [qutb] |
| polaire (adj) | қутбӣ | [qutbi:] |

latitude (f)	арз	[arz]
longitude (f)	тӯл	[tœl]
parallèle (f)	параллел	[parallel]
équateur (m)	хати истиво	[xati istivo]

ciel (m)	осмон	[osmon]
horizon (m)	уфуқ	[ufuq]
air (m)	ҳаво	[havo]

phare (m)	мино	[mino]
plonger (vi)	ғӯта задан	[ʁœta zadan]
sombrer (vi)	ғарқ шудан	[ʁarq ʃudan]
trésor (m)	ганҷ	[gandʒ]

168. Les montagnes

montagne (f)	кӯҳ	[kœh]
chaîne (f) de montagnes	силсилакӯҳ	[silsilakœh]
crête (f)	қаторкӯҳ	[qatorkœh]

sommet (m)	кулла	[kulla]
pic (m)	қулла	[qulla]
pied (m)	доманаи кӯҳ	[domanai kœh]
pente (f)	нишебӣ	[niʃebi:]

volcan (m)	вулқон	[vulqon]
volcan (m) actif	вулқони амалкунанда	[vulqoni amalkunanda]
volcan (m) éteint	вулқони хомӯшшуда	[vulqoni xomœʃʃuda]

éruption (f)	оташфишонӣ	[otaʃfiʃoni:]
cratère (m)	танӯра	[tanœra]
magma (m)	магма, тафта	[magma], [tafta]
lave (f)	гудоза	[gudoza]

en fusion (lave ~)	тафта	[tafta]
canyon (m)	оббурда, дара	[obburda], [dara]
défilé (m) (gorge)	дара	[dara]
crevasse (f)	тангно	[tangno]
précipice (m)	партгоҳ	[partgoh]

col (m) de montagne	ағба	[aʁba]
plateau (m)	пуштаи кӯҳ	[puʃtai kœh]
rocher (m)	шух	[ʃuχ]
colline (f)	теппа	[teppa]

glacier (m)	пирях	[pirjaχ]
chute (f) d'eau	шаршара	[ʃarʃara]
geyser (m)	гейзер	[gejzer]
lac (m)	кул	[kul]

plaine (f)	ҳамворӣ	[hamvori:]
paysage (m)	манзара	[manzara]
écho (m)	акси садо	[aksi sado]

alpiniste (m)	кӯҳнавард	[kœhnavard]
varappeur (m)	шухпаймо	[ʃuχpajmo]
conquérir (vt)	фатҳ кардан	[fath kardan]
ascension (f)	болобарой	[bolobaroi:]

169. Les fleuves

rivière (f), fleuve (m)	дарё	[darjɔ]
source (f)	чашма	[tʃaʃma]
lit (m) (d'une rivière)	маҷрои дарё	[madʒroi darjɔ]
bassin (m)	ҳавза	[havza]
se jeter dans ...	рехтан ба ...	[reχtan ba]

| affluent (m) | шохоб | [ʃoχob] |
| rive (f) | соҳил | [sohil] |

courant (m)	ҷараён	[dʒarajɔn]
en aval	мувофиқи рафти об	[muvofiqi rafti ob]
en amont	муқобили самти об	[muqobili samti ob]

inondation (f)	обхезӣ	[obχezi:]
les grandes crues	обхез	[obχez]
déborder (vt)	дамидан	[damidan]
inonder (vt)	зер кардан	[zer kardan]

| bas-fond (m) | тунукоба | [tunukoba] |
| rapide (m) | мавҷрез | [mavdʒrez] |

barrage (m)	сарбанд	[sarband]
canal (m)	канал	[kanal]
lac (m) de barrage	обанбор	[obanbor]
écluse (f)	шлюз	[ʃljuz]
plan (m) d'eau	обанбор	[obanbor]
marais (m)	ботлоқ, ботқоқ	[botloq], [botqoq]

| fondrière (f) | ботлоқ | [botloq] |
| tourbillon (m) | гирдоб | [girdob] |

ruisseau (m)	чӯй	[ʤœj]
potable (adj)	нӯшиданӣ	[nœʃidani:]
douce (l'eau ~)	ширин	[ʃirin]

| glace (f) | ях | [jaχ] |
| être gelé | ях бастан | [jaχ bastan] |

170. La forêt

| forêt (f) | чангал | [ʤangal] |
| forestier (adj) | чангалӣ | [ʤangali:] |

fourré (m)	чангалзор	[ʤangalzor]
bosquet (m)	дарахтзор	[daraχtzor]
clairière (f)	чаман	[ʧaman]

| broussailles (f pl) | буттазор | [buttazor] |
| taillis (m) | буттазор | [buttazor] |

| sentier (m) | пайраҳа | [pajraha] |
| ravin (m) | оббурда | [obburda] |

arbre (m)	дарахт	[daraχt]
feuille (f)	барг	[barg]
feuillage (m)	баргҳои дарахт	[barghoi daraχt]

chute (f) de feuilles	баргрезӣ	[bargrezi:]
tomber (feuilles)	рехтан	[reχtan]
sommet (m)	нӯг	[nœg]

rameau (m)	шох, шохча	[ʃoχ], [ʃoχʧa]
branche (f)	шохи дарахг	[ʃoχi daraχg]
bourgeon (m)	муғча	[muʁʤa]
aiguille (f)	сӯзан	[sœzan]
pomme (f) de pin	чалғӯза	[ʤalʁœza]

creux (m)	сӯрохи дарахт	[sœroχi daraχt]
nid (m)	ошёна, лона	[oʃjona], [lona]
terrier (m) (~ d'un renard)	хона	[χona]

tronc (m)	тана	[tana]
racine (f)	реша	[reʃa]
écorce (f)	пӯсти дарахт	[pœsti daraχt]
mousse (f)	ушна	[uʃna]

déraciner (vt)	реша кофтан	[reʃa koftan]
abattre (un arbre)	зада буридан	[zada buridan]
déboiser (vt)	бурида нест кардан	[burida nest kardan]
souche (f)	кундаи дарахт	[kundai daraχt]
feu (m) de bois	гулхан	[gulχan]
incendie (m)	сӯхтор, оташ	[sœχtor], [otaʃ]

éteindre (feu)	хомӯш кардан	[χomœʃ kardan]
garde (m) forestier	чангалбон	[dʒangalbon]
protection (f)	нигоҳбонӣ	[nigohboni:]
protéger (vt)	нигоҳбонӣ кардан	[nigohboni: kardan]
braconnier (m)	кӯрукшикан	[qœruqʃikan]
piège (m) à mâchoires	қапқон, дом	[qapqon], [dom]
cueillir (vt)	чидан	[tʃidan]
s'égarer (vp)	роҳ гум кардан	[roh gum kardan]

171. Les ressources naturelles

ressources (f pl) naturelles	захираҳои табий	[zaχirahoi tabi:i:]
minéraux (m pl)	маъданҳои фоиданок	[ma'danhoi foidanok]
gisement (m)	кон, маъдаи	[kon], [ma'dai]
champ (m) (~ pétrolifère)	кон	[kon]
extraire (vt)	кандан	[kandan]
extraction (f)	кандани	[kandani:]
minerai (m)	маъдан	[ma'dan]
mine (f) (site)	кон	[kon]
puits (m) de mine	чоҳ	[tʃoh]
mineur (m)	конкан	[konkan]
gaz (m)	газ	[gaz]
gazoduc (m)	қубури газ	[quburi gaz]
pétrole (m)	нефт	[neft]
pipeline (m)	қубури нефт	[quburi neft]
tour (f) de forage	чоҳи нафт	[tʃohi naft]
derrick (m)	бурчи нафткашӣ	[burdʒi naftkaʃi:]
pétrolier (m)	танкер	[tanker]
sable (m)	рег	[reg]
calcaire (m)	оҳаксанг	[ohaksang]
gravier (m)	сангреза, шағал	[sangreza], [ʃaʁal]
tourbe (f)	торф	[torf]
argile (f)	гил	[gil]
charbon (m)	ангишт	[angiʃt]
fer (m)	оҳан	[ohan]
or (m)	зар, тилло	[zar], [tillo]
argent (m)	нуқра	[nuqra]
nickel (m)	никел	[nikel]
cuivre (m)	мис	[mis]
zinc (m)	руҳ	[ruh]
manganèse (m)	манган	[mangan]
mercure (m)	симоб	[simob]
plomb (m)	сурб	[surb]
minéral (m)	минерал, маъдан	[mineral], [ma'dan]
cristal (m)	булӯр, шӯша	[bulœr], [ʃœʃa]
marbre (m)	мармар	[marmar]
uranium (m)	уран	[uran]

La Terre. Partie 2

172. Le temps

temps (m)	обу ҳаво	[obu havo]
météo (f)	пешгӯии ҳаво	[peʃgœi:i havo]
température (f)	ҳарорат	[harorat]
thermomètre (m)	ҳароратсанҷ	[haroratsandʒ]
baromètre (m)	барометр, ҳавосанҷ	[barometr], [havosandʒ]
humide (adj)	намнок	[namnok]
humidité (f)	намӣ, рутубат	[nami:], [rutubat]
chaleur (f) (canicule)	гармӣ	[garmi:]
torride (adj)	тафсон	[tafson]
il fait très chaud	ҳаво тафсон аст	[havo tafson ast]
il fait chaud	ҳаво гарм аст	[havo garm ast]
chaud (modérément)	гарм	[garm]
il fait froid	ҳаво сард аст	[havo sard ast]
froid (adj)	хунук, сард	[χunuk], [sard]
soleil (m)	офтоб	[oftob]
briller (soleil)	тобидан	[tobidan]
ensoleillé (jour ~)	… и офтоб	[i oftob]
se lever (vp)	баромадан	[baromadan]
se coucher (vp)	паст шудан	[past ʃudan]
nuage (m)	абр	[abr]
nuageux (adj)	… и абр, абрӣ	[i abr], [abri:]
nuée (f)	абри сиёҳ	[abri sijoh]
sombre (adj)	абрнок	[abrnok]
pluie (f)	борон	[boron]
il pleut	борон меборад	[boron meborad]
pluvieux (adj)	серборон	[serboron]
bruiner (v imp)	сим-сим боридан	[sim-sim boridan]
pluie (f) torrentielle	борони сахт	[boroni saχt]
averse (f)	борони сел	[boroni sel]
forte (la pluie ~)	сахт	[saχt]
flaque (f)	кӯлмак	[kœlmak]
se faire mouiller	шилтиқ шудан	[ʃiltiq ʃudan]
brouillard (m)	туман	[tuman]
brumeux (adj)	… и туман	[i tuman]
neige (f)	барф	[barf]
il neige	барф меборад	[barf meborad]

173. Les intempéries. Les catastrophes naturelles

orage (m)	раъду барк	[ra'du bark]
éclair (m)	барқ	[barq]
éclater (foudre)	дурахшидан	[duraχʃidan]
tonnerre (m)	тундар	[tundar]
gronder (tonnerre)	гулдуррос задан	[guldurros zadan]
le tonnerre gronde	раъд гулдуррос мезанад	[ra'd guldurros mezanad]
grêle (f)	жола	[ʒola]
il grêle	жола меборад	[ʒola meborad]
inonder (vt)	зер кардан	[zer kardan]
inondation (f)	обхезй	[obχezi:]
tremblement (m) de terre	заминчунбй	[zamindʒunbi:]
secousse (f)	заминчунбй,такон	[zamindʒunbi:,takon]
épicentre (m)	эпимарказ	[ɛpimarkaz]
éruption (f)	оташфишонй	[otaʃfiʃoni:]
lave (f)	гудоза	[gudoza]
tourbillon (m)	гирдбод	[girdbod]
tornade (f)	торнадо	[tornado]
typhon (m)	тӯфон	[tœfon]
ouragan (m)	тундбод	[tundbod]
tempête (f)	тӯфон, бӯрои	[tœfon], [bœroi]
tsunami (m)	сунами	[sunami]
cyclone (m)	сиклон	[siklon]
intempéries (f pl)	ҳавои бад	[havoi bad]
incendie (m)	сӯхтор, оташ	[sœχtor], [otaʃ]
catastrophe (f)	садама, фалокат	[sadama], [falokat]
météorite (m)	метеорит, шиҳобпора	[meteorit], [ʃihobpora]
avalanche (f)	тарма	[tarma]
éboulement (m)	тарма	[tarma]
blizzard (m)	бӯрони барфй	[bœroni barfi:]
tempête (f) de neige	бӯрон	[bœron]

La faune

174. Les mammifères. Les prédateurs

prédateur (m)	дарранда	[darranda]
tigre (m)	бабр, паланг	[babr], [palang]
lion (m)	шер	[ʃer]
loup (m)	гург	[gurg]
renard (m)	рӯбоҳ	[rœboh]
jaguar (m)	юзи ало	[juzi alo]
léopard (m)	паланг	[palang]
guépard (m)	юз	[juz]
panthère (f)	пантера	[pantera]
puma (m)	пума	[puma]
léopard (m) de neiges	шерпаланг	[ʃerpalang]
lynx (m)	силовсин	[silovsin]
coyote (m)	койот	[kojot]
chacal (m)	шагол	[ʃagol]
hyène (f)	кафтор	[kaftor]

175. Les animaux sauvages

animal (m)	ҳайвон	[hajvon]
bête (f)	ҳайвони ваҳшӣ	[hajvoni vahʃi:]
écureuil (m)	санҷоб	[sandʒob]
hérisson (m)	хорпушт	[xorpuʃt]
lièvre (m)	заргӯш	[zargœʃ]
lapin (m)	харгӯш	[xargœʃ]
blaireau (m)	қашқалдоқ	[qaʃqaldoq]
raton (m)	енот	[enot]
hamster (m)	миримӯшон	[mirimœʃon]
marmotte (f)	суғур	[suʁur]
taupe (f)	кӯрмуш	[kœrmuʃ]
souris (f)	муш	[muʃ]
rat (m)	калламуш	[kallamuʃ]
chauve-souris (f)	кӯршапарак	[kœrʃaparak]
hermine (f)	қоқум	[qoqum]
zibeline (f)	самур	[samur]
martre (f)	савсор	[savsor]
belette (f)	росу	[rosu]
vison (m)	вашақ	[vaʃaq]

| castor (m) | кундуз | [kunduz] |
| loutre (f) | сагоби | [sagobi] |

cheval (m)	асп	[asp]
élan (m)	шохгавазн	[ʃohgavazn]
cerf (m)	гавазн	[gavazn]
chameau (m)	шутур, уштур	[ʃutur], [uʃtur]

bison (m)	бизон	[bizon]
aurochs (m)	гови вахшй	[govi vahʃi:]
buffle (m)	говмеш	[govmeʃ]

zèbre (m)	гӯрхар	[gœrχar]
antilope (f)	антилопа, гизол	[antilopa], [ʁizol]
chevreuil (m)	оху	[ohu]
biche (f)	оху	[ohu]
chamois (m)	нахчир, бузи кӯхӣ	[naχtʃir], [buzi kœhi:]
sanglier (m)	хуки вахши	[χuki vahʃi]

baleine (f)	кит, нах̣анг	[kit], [nahang]
phoque (m)	тюлен	[tjulen]
morse (m)	морж	[morʒ]
ours (m) de mer	гурбаи обй	[gurbai obi:]
dauphin (m)	делфин	[delfin]

ours (m)	хирс	[χirs]
ours (m) blanc	хирси сафед	[χirsi safed]
panda (m)	панда	[panda]

singe (m)	маймун	[majmun]
chimpanzé (m)	шимпанзе	[ʃimpanze]
orang-outang (m)	орангутанг	[orangutang]
gorille (m)	горилла	[gorilla]
macaque (m)	макака	[makaka]
gibbon (m)	гиббон	[gibbon]

éléphant (m)	фил	[fil]
rhinocéros (m)	карк, каркадан	[kark], [karkadan]
girafe (f)	заррофа	[zarrofa]
hippopotame (m)	бах̣мут	[bahmut]

| kangourou (m) | кенгуру | [kenguru] |
| koala (m) | коала | [koala] |

mangouste (f)	росу	[rosu]
chinchilla (m)	вашак̣	[vaʃaq]
mouffette (f)	скунс	[skuns]
porc-épic (m)	чайра, дугпушт	[dʒajra], [dugpuʃt]

176. Les animaux domestiques

chat (m) (femelle)	гурба	[gurba]
chat (m) (mâle)	гурбаи нар	[gurbai nar]
chien (m)	саг	[sag]

cheval (m)	асп	[asp]
étalon (m)	айғир, аспи нар	[ajʁir], [aspi nar]
jument (f)	модиён, байтал	[modijɔn], [bajtal]

vache (f)	гов	[gov]
taureau (m)	барзагов	[barzagov]
bœuf (m)	барзагов	[barzagov]

brebis (f)	меш, гӯсфанд	[meʃ], [gœsfand]
mouton (m)	гӯсфанд	[gœsfand]
chèvre (f)	буз	[buz]
bouc (m)	така, серка	[taka], [serka]

| âne (m) | хар, маркаб | [χar], [markab] |
| mulet (m) | хачир | [χatʃir] |

cochon (m)	хук	[χuq]
pourceau (m)	хукбача	[χukbatʃa]
lapin (m)	харгӯш	[χargœʃ]

| poule (f) | мурғ | [murʁ] |
| coq (m) | хурӯс | [χurœs] |

canard (m)	мурғобй	[murʁobi:]
canard (m) mâle	мурғобии нар	[murʁobi:i nar]
oie (f)	қоз, ғоз	[qoz], [ʁoz]

| dindon (m) | хурӯси мурғи марчон | [χurœsi murʁi mardʒon] |
| dinde (f) | мокиёни мурғи марчон | [mokijɔni murʁi mardʒon] |

animaux (m pl) domestiques	ҳайвони хонагй	[hajvoni χonagi:]
apprivoisé (adj)	ромшуда	[romʃuda]
apprivoiser (vt)	дастомӯз кардан	[dastomœz kardan]
élever (vt)	калон кардан	[kalon kardan]

ferme (f)	ферма	[ferma]
volaille (f)	паррандаи хонагй	[parrandai χonagi:]
bétail (m)	чорво	[tʃorvo]
troupeau (m)	пода	[poda]

écurie (f)	саисхона, аспхона	[saisχona], [aspχona]
porcherie (f)	хукхона	[χukχona]
vacherie (f)	оғил, говхона	[oʁil], [govχona]
cabane (f) à lapins	харгӯшхона	[χargœʃχona]
poulailler (m)	мурғхона	[murʁχona]

177. Le chien. Les races

chien (m)	саг	[sag]
berger (m)	саги чӯпонй	[sagi tʃœponi:]
berger (m) allemand	афчаркаи немисй	[aftʃarkai nemisi:]
caniche (f)	пудел	[pudel]
teckel (m)	такса	[taksa]
bouledogue (m)	булдог	[buldog]

boxer (m)	боксёр	[boksjɔr]
mastiff (m)	мастиф	[mastif]
rottweiler (m)	ротвейлер	[rotvejler]
doberman (m)	доберман	[doberman]

basset (m)	бассет	[basset]
bobtail (m)	бобтейл	[bobtejl]
dalmatien (m)	далматинес	[dalmatines]
cocker (m)	кокер-спаниел	[koker-spaniel]

| terre-neuve (m) | нюфаунленд | [njufaunlend] |
| saint-bernard (m) | сенбернар | [senbernar] |

husky (m)	хаски	[χaski]
chow-chow (m)	чау-чау	[ʧau-ʧau]
spitz (m)	шпитс	[ʃpits]
carlin (m)	мопс, саги хонагӣ	[mops], [sagi χonagi:]

178. Les cris des animaux

aboiement (m)	аккос	[akkos]
aboyer (vi)	аккос задан	[akkos zadan]
miauler (vi)	мияв-мияв кардан	[mijav-mijav kardan]
ronronner (vi)	мав-мав кардан	[mav-mav kardan]

meugler (vi)	маос задан	[maos zadan]
beugler (taureau)	ғурридан	[ʁurridan]
rugir (chien)	ғуррос задан	[ʁurros zadan]

hurlement (m)	уллос	[ullos]
hurler (loup)	уллос кашидан	[ullos kaʃidan]
geindre (vi)	мингос задан	[mingos zadan]

bêler (vi)	баос задан	[baos zadan]
grogner (cochon)	хур-хур кардан	[χur-χur kardan]
glapir (cochon)	вангас кардан	[vangas kardan]

coasser (vi)	вақ-вақ кардан	[vaq-vaq kardan]
bourdonner (vi)	виззос задан	[vizzos zadan]
striduler (vi)	чиррос задан	[ʧirros zadan]

179. Les oiseaux

oiseau (m)	паранда	[paranda]
pigeon (m)	кафтар	[kaftar]
moineau (m)	гунҷишк, чумчук	[gundʒiʃk], [ʧumʧuk]
mésange (f)	фотимачумчуқ	[fotimaʧumʧuq]
pie (f)	акка	[akka]

corbeau (m)	зоғ	[zoʁ]
corneille (f)	зоғи ало	[zoʁi alo]
choucas (m)	зоғча	[zoʁʧa]

freux (m)	шӯрнӯл	[ʃœrnœl]
canard (m)	мурғобӣ	[murʁobi:]
oie (f)	қоз, ғоз	[qoz], [ʁoz]
faisan (m)	тазарв	[tazarv]

aigle (m)	укоб	[ukob]
épervier (m)	пайғу	[pajʁu]
faucon (m)	боз, шоҳин	[boz], [ʃohin]
vautour (m)	каргас	[kargas]
condor (m)	кондор	[kondor]

cygne (m)	қу	[qu]
grue (f)	куланг, турна	[kulang], [turna]
cigogne (f)	лаклак	[laklak]
perroquet (m)	тӯтӣ	[tœti:]
colibri (m)	колибри	[kolibri]
paon (m)	товус	[tovus]

autruche (f)	шутурмурғ	[ʃuturmurʁ]
héron (m)	ҳавосил	[havosil]
flamant (m)	бутимор	[butimor]
pélican (m)	мурғи сақко	[murʁi saqqo]

rossignol (m)	булбул	[bulbul]
hirondelle (f)	фароштурук	[faroʃturuk]
merle (m)	дурроч	[durrodʒ]
grive (f)	дуррочи хушхон	[durrodʒi xuʃxon]
merle (m) noir	дуррочи сиёҳ	[durrodʒi sijoh]

martinet (m)	досак	[dosak]
alouette (f) des champs	чӯр, чаковак	[dʒœr], [tʃakovak]
caille (f)	бедона	[bedona]

coucou (m)	фохтак	[foxtak]
chouette (f)	бум, чуғз	[bum], [dʒuʁz]
hibou (m)	чуғз	[tʃuʁz]
tétras (m)	дурроч	[durrodʒ]
tétras-lyre (m)	титав	[titav]
perdrix (f)	кабк, каклик	[kabk], [kaklik]

étourneau (m)	сор, соч	[sor], [sotʃ]
canari (m)	канарейка	[kanarejka]
gélinotte (f) des bois	рябчик	[rjabtʃik]
pinson (m)	саъва	[sa'va]
bouvreuil (m)	севғар	[sevʁar]

mouette (f)	моҳихӯрак	[mohixœrak]
albatros (m)	уқоби баҳрӣ	[uqobi bahri:]
pingouin (m)	пингвин	[pingvin]

180. Les oiseaux. Le chant, les cris

| chanter (vi) | хондан | [xondan] |
| crier (vi) | наъра кашидан | [na'ra kaʃidan] |

chanter (le coq)	чеғи хурӯс	[dʒeʁi χurœs]
cocorico (m)	ку-ку-ку-ку	[qu-qu-qu-ku]

glousser (vi)	кут-кут кардан	[qut-qut kardan]
croasser (vi)	қарқар кардан	[qarqar kardan]
cancaner (vi)	ғоқ-ғоқ кардан	[ʁoq-ʁok kardan]
piauler (vi)	чӣ-чӣ кардан	[tʃi:-tʃi: kardan]
pépier (vi)	чириқ-чириқ кардан	[tʃiriq-tʃiriq kardan]

181. Les poissons. Les animaux marins

brème (f)	симмоҳӣ	[simmohi:]
carpe (f)	капур	[kapur]
perche (f)	аломоҳӣ	[alomohi:]
silure (m)	лаққамоҳӣ	[laqqamohi:]
brochet (m)	шӯртан	[ʃœrtan]

saumon (m)	озодмоҳӣ	[ozodmohi:]
esturgeon (m)	тосмоҳӣ	[tosmohi:]

hareng (m)	шӯрмоҳӣ	[ʃœrmohi:]
saumon (m) atlantique	озодмоҳӣ	[ozodmoχi:]

maquereau (m)	зағӯтамоҳӣ	[zaʁœtamohi:]
flet (m)	камбала	[kambala]

sandre (f)	суфмоҳӣ	[sufmohi:]
morue (f)	равғанмоҳӣ	[ravʁanmohi:]

thon (m)	самак	[samak]
truite (f)	гулмоҳӣ	[gulmohi:]

anguille (f)	мормоҳӣ	[mormohi:]
torpille (f)	скати барқдор	[skati barqdor]

murène (f)	мурена	[murena]
piranha (m)	пираня	[piranja]

requin (m)	наҳанг	[nahang]
dauphin (m)	делфин	[delfin]
baleine (f)	кит, наҳанг	[kit], [nahang]

crabe (m)	харчанг	[χartʃang]
méduse (f)	медуза	[meduza]
pieuvre (f), poulpe (m)	ҳаштпо	[haʃtpo]

étoile (f) de mer	ситораи баҳрӣ	[sitorai bahri:]
oursin (m)	хорпушти баҳрӣ	[χorpuʃti bahri:]
hippocampe (m)	аспакмоҳӣ	[aspakmohi:]

huître (f)	садафак	[sadafak]
crevette (f)	креветка	[krevetka]
homard (m)	харчанги баҳрӣ	[χartʃangi bahri:]
langoustine (f)	лангуст	[langust]

182. Les amphibiens. Les reptiles

serpent (m)	мор	[mor]
venimeux (adj)	захрдор	[zahrdor]
vipère (f)	мори афъй	[mori afʼi:]
cobra (m)	мори айнакдор, кӯбро	[mori ajnakdor], [kœbro]
python (m)	мори печон	[mori petʃon]
boa (m)	мори печон	[mori petʃon]
couleuvre (f)	мори обй	[mori obi:]
serpent (m) à sonnettes	шақшақамор	[ʃaqʃaqamor]
anaconda (m)	анаконда	[anakonda]
lézard (m)	калтакалос	[kaltakalos]
iguane (m)	сусмор, игуана	[susmor], [iguana]
varan (m)	сусмор	[susmor]
salamandre (f)	калтакалос	[kaltakalos]
caméléon (m)	бӯқаламун	[bœqalamun]
scorpion (m)	каждум	[kaʒdum]
tortue (f)	сангпушт	[sangpuʃt]
grenouille (f)	қурбоққа	[qurboqqa]
crapaud (m)	ғук, қурбоққаи чӯлй	[ʁuk], [qurboqqai tʃœli:]
crocodile (m)	тимсох	[timsoh]

183. Les insectes

insecte (m)	ҳашарот	[haʃarot]
papillon (m)	шапалак	[ʃapalak]
fourmi (f)	мӯрча	[mœrtʃa]
mouche (f)	магас	[magas]
moustique (m)	пашша	[paʃʃa]
scarabée (m)	гамбуск	[gambusk]
guêpe (f)	ору	[oru]
abeille (f)	занбӯри асал	[zanbœri asal]
bourdon (m)	говзанбӯр	[govzanbœr]
œstre (m)	ғурмагас	[ʁurmagas]
araignée (f)	тортанак	[tortanak]
toile (f) d'araignée	тори тортанак	[tori tortanak]
libellule (f)	сӯзанак	[sœzanak]
sauterelle (f)	малах	[malax]
papillon (m)	шапалак	[ʃapalak]
cafard (m)	нонхӯрак	[nonxœrak]
tique (f)	кана	[kana]
puce (f)	кайк	[kajk]
moucheron (m)	пашша	[paʃʃa]
criquet (m)	малах	[malax]
escargot (m)	тӯкумшуллуқ	[tœkumʃulluq]

grillon (m)	чирчирак	[ʧirʧirak]
luciole (f)	шабтоб	[ʃabtob]
coccinelle (f)	момохолак	[momoχolak]
hanneton (m)	гамбуски саврӣ	[gambuski savri:]

sangsue (f)	шуллук	[ʃulluk]
chenille (f)	кирм	[kirm]
ver (m)	кирм	[kirm]
larve (f)	кирм	[kirm]

184. Les parties du corps des animaux

bec (m)	нӯл, минқор	[nœl], [minqor]
ailes (f pl)	қанот	[qanot]
patte (f)	пой	[poj]
plumage (m)	болу пар	[bolu par]
plume (f)	пар	[par]
houppe (f)	пӯпӣ	[pœpi:]

ouïes (f pl)	ғалсама	[ʁalsama]
œufs (m pl)	тухм	[tuχm]
larve (f)	кирм, кирмак	[kirm], [kirmak]
nageoire (f)	қаноти моҳӣ	[qanoti mohi:]
écaille (f)	пулакча	[pulakʧa]

croc (m)	дандони ашк	[dandoni aʃk]
patte (f)	панча	[panʤa]
museau (m)	фук	[fuk]
gueule (f)	даҳон	[dahon]
queue (f)	дум	[dum]
moustaches (f pl)	муйлаб, бурут	[mujlab], [burut]

| sabot (m) | сум | [sum] |
| corne (f) | шох | [ʃoχ] |

carapace (f)	косаи сангпушт	[kosai sangpuʃt]
coquillage (m)	гӯшмоҳӣ, садаф	[gœʃmohi:], [sadaf]
coquille (f) d'œuf	пӯчоқи тухм	[pœʧoqi tuχm]

| poil (m) | пашм | [paʃm] |
| peau (f) | пуст | [pust] |

185. Les habitats des animaux

| habitat (m) naturel | муҳити ҳаёт | [muhiti hajot] |
| migration (f) | кӯчидан | [kœʧidan] |

montagne (f)	кӯҳ	[kœh]
récif (m)	харсанги зериобӣ	[χarsangi zeriobi:]
rocher (m)	шух	[ʃuχ]
forêt (f)	чангал	[ʤangal]
jungle (f)	чангал	[ʤangal]

| savane (f) | саванна | [savanna] |
| toundra (f) | тундра | [tundra] |

steppe (f)	дашт, чӯл	[daʃt], [tʃœl]
désert (m)	биёбон	[bijɔbon]
oasis (f)	воҳа	[voha]

mer (f)	баҳр	[bahr]
lac (m)	кул	[kul]
océan (m)	уқёнус	[uqjɔnus]

marais (m)	ботлоқ, ботқоқ	[botloq], [botqoq]
d'eau douce (adj)	… и оби ширин	[i obi ʃirin]
étang (m)	сарҳавз	[sarhavz]
rivière (f), fleuve (m)	дарё	[darjɔ]

tanière (f)	хонаи хирс	[χonai χirs]
nid (m)	ошёна, лона	[oʃjona], [lona]
creux (m)	сӯрохи дарахт	[sœroχi daraχt]
terrier (m) (~ d'un renard)	хона	[χona]
fourmilière (f)	мӯрчахона	[mœrtʃaχona]

La flore

186. Les arbres

arbre (m)	дарахт	[daraχt]
à feuilles caduques	пахнбарг	[pahnbarg]
conifère (adj)	... и сӯзанбарг	[i sœzanbarg]
à feuilles persistantes	хамешасабз	[hameʃasabz]
pommier (m)	дарахти себ	[daraχti seb]
poirier (m)	дарахти нок	[daraχti nok]
merisier (m)	дарахти гелос	[daraχti gelos]
cerisier (m)	дарахти олуболу	[daraχti olubolu]
prunier (m)	дарахти олу	[daraχti olu]
bouleau (m)	тӯс	[tœs]
chêne (m)	булут	[bulut]
tilleul (m)	зерфун	[zerfun]
tremble (m)	сиёхбед	[sijɔhbed]
érable (m)	заранг	[zarang]
épicéa (m)	коч, ел	[kodʒ], [el]
pin (m)	санавбар	[sanavbar]
mélèze (m)	кочи баргрез	[kodʒi bargrez]
sapin (m)	пихта	[piχta]
cèdre (m)	дарахти чалғӯза	[daraχti dʒalʁœza]
peuplier (m)	сафедор	[safedor]
sorbier (m)	ғубайро	[ʁubajro]
saule (m)	бед	[bed]
aune (m)	роздор	[rozdor]
hêtre (m)	бук, олаш	[buk], [olaʃ]
orme (m)	дарахти ларг	[daraχti larg]
frêne (m)	шумтол	[ʃumtol]
marronnier (m)	шохбулут	[ʃohbulut]
magnolia (m)	магнолия	[magnolija]
palmier (m)	нахл	[naχl]
cyprès (m)	дарахти сарв	[daraχti sarv]
palétuvier (m)	дарахти анбах	[daraχti anbah]
baobab (m)	баобаб	[baobab]
eucalyptus (m)	эвкалипт	[ɛvkalipt]
séquoia (m)	секвойя	[sekvojja]

187. Les arbustes

buisson (m)	бутта	[butta]
arbrisseau (m)	бутта	[butta]

| vigne (f) | ток | [tok] |
| vigne (f) (vignoble) | токзор | [tokzor] |

framboise (f)	тамашк	[tamaʃk]
cassis (m)	қоти сиёҳ	[qoti sijɔh]
groseille (f) rouge	коти сурх	[koti surχ]
groseille (f) verte	бектошй	[bektoʃi:]

acacia (m)	акатсия, ақоқиё	[akatsija], [aqoqijɔ]
berbéris (m)	буттаи зирк	[buttai zirk]
jasmin (m)	ёсуман	[jɔsuman]

genévrier (m)	арча, ардач	[artʃa], [ardadʒ]
rosier (m)	буттаи гул	[buttai gul]
églantier (m)	хуч	[χutʃ]

188. Les champignons

champignon (m)	занбӯруғ	[zanbœruʁ]
champignon (m) comestible	занбӯруғи хӯрданй	[zanbœruʁi χœrdani:]
champignon (m) vénéneux	занбӯруғи заҳрнок	[zanbœruʁi zahrnok]
chapeau (m)	кулоҳаки занбӯруғ	[kulohaki zanbœruʁ]
pied (m)	тана	[tana]

cèpe (m)	занбӯруғи сафед	[zanbœruʁi safed]
bolet (m) orangé	занбӯруғи сурх	[zanbœruʁi surχ]
bolet (m) bai	занбӯруғи тӯсй	[zanbœruʁi tœsi:]
girolle (f)	қӯзиқандй	[qœziqandi:]
russule (f)	занбӯруғи хомхӯрак	[zanbœruʁi χomχœrak]

morille (f)	бурмазанбӯруғ	[burmazanbœruʁ]
amanite (f) tue-mouches	маргимагас	[margimagas]
oronge (f) verte	занбӯруғи заҳрнок	[zanbœruʁi zahrnok]

189. Les fruits. Les baies

| fruit (m) | мева, самар | [meva], [samar] |
| fruits (m pl) | меваҳо, самарҳо | [mevaho], [samarho] |

pomme (f)	себ	[seb]
poire (f)	мурӯд, нок	[murœd], [nok]
prune (f)	олу	[olu]

fraise (f)	қулфинай	[qulfinaj]
cerise (f)	олуболу	[olubolu]
merise (f)	гелос	[gelos]
raisin (m)	ангур	[angur]

framboise (f)	тамашк	[tamaʃk]
cassis (m)	қоти сиёҳ	[qoti sijɔh]
groseille (f) rouge	коти сурх	[koti surχ]
groseille (f) verte	бектошй	[bektoʃi:]

canneberge (f)	клюква	[kljukva]
orange (f)	афлесун, пӯртахол	[aflesun], [pœrtaχol]
mandarine (f)	норанг	[norang]
ananas (m)	ананас	[ananas]
banane (f)	банан	[banan]
datte (f)	хурмо	[χurmo]
citron (m)	лиму	[limu]
abricot (m)	дарахти зардолу	[daraχti zardolu]
pêche (f)	шафтолу	[ʃaftolu]
kiwi (m)	кивӣ	[kivi:]
pamplemousse (m)	норинҷ	[norindʒ]
baie (f)	буттамева	[buttameva]
baies (f pl)	буттамевахо	[buttamevaho]
airelle (f) rouge	брусника	[brusnika]
fraise (f) des bois	тути заминӣ	[tuti zamini:]
myrtille (f)	черника	[tʃernika]

190. Les fleurs. Les plantes

fleur (f)	гул	[gul]
bouquet (m)	дастаи гул	[dastai gul]
rose (f)	гул, гули садбарг	[gul], [guli sadbarg]
tulipe (f)	лола	[lola]
oeillet (m)	гули мехак	[guli meχak]
glaïeul (m)	гули ёқут	[guli joqut]
bleuet (m)	туғмагул	[tugmagul]
campanule (f)	гули момо	[guli momo]
dent-de-lion (f)	коқу	[koqu]
marguerite (f)	бобуна	[bobuna]
aloès (m)	уд, сабр, алоэ	[ud], [sabr], [aloɛ]
cactus (m)	гули ханҷарӣ	[guli χandʒari:]
ficus (m)	тутанҷир	[tutandʒir]
lis (m)	савсан	[savsan]
géranium (m)	анҷибар	[andʒibar]
jacinthe (f)	сунбул	[sunbul]
mimosa (m)	нозгул	[nozgul]
jonquille (f)	наргис	[nargis]
capucine (f)	настаран	[nastaran]
orchidée (f)	сахлаб, сӯхлаб	[sahlab], [sœhlab]
pivoine (f)	гули ашрафӣ	[guli aʃrafi:]
violette (f)	бунафша	[bunafʃa]
pensée (f)	бунафшаи франгӣ	[bunafʃai farangi:]
myosotis (m)	марзангӯш	[marzangœʃ]
pâquerette (f)	гули марворидак	[guli marvoridak]
coquelicot (m)	кӯкнор	[kœknor]

chanvre (m)	бангдона, канаб	[bangdona], [kanab]
menthe (f)	пудина	[pudina]
muguet (m)	гули барфак	[guli barfak]
perce-neige (f)	бойчечак	[bojʧeʧak]
ortie (f)	газна	[gazna]
oseille (f)	шилха	[ʃilχa]
nénuphar (m)	нилуфари сафед	[nilufari safed]
fougère (f)	фарн	[farn]
lichen (m)	гулсанг	[gulsang]
serre (f) tropicale	гулхона	[gulχona]
gazon (m)	чаман, сабзазор	[ʧaman], [sabzazor]
parterre (m) de fleurs	гулзор	[gulzor]
plante (f)	растанй	[rastani:]
herbe (f)	алаф	[alaf]
brin (m) d'herbe	хас	[χas]
feuille (f)	барг	[barg]
pétale (m)	гулбарг	[gulbarg]
tige (f)	поя	[poja]
tubercule (m)	бех, дона	[beχ], [dona]
pousse (f)	неш	[neʃ]
épine (f)	хор	[χor]
fleurir (vi)	гул кардан	[gul kardan]
se faner (vp)	пажмурда шудан	[paʒmurda ʃudan]
odeur (f)	бӯй	[bœj]
couper (vt)	буридан	[buridan]
cueillir (fleurs)	кандан	[kandan]

191. Les céréales

grains (m pl)	дона, ғалла	[dona], [ʁalla]
céréales (f pl) (plantes)	растаниҳои ғалладона	[rastanihoi ʁalladona]
épi (m)	хӯша	[χœʃa]
blé (m)	гандум	[gandum]
seigle (m)	чавдор	[ʤavdor]
avoine (f)	хуртумон	[hurtumon]
millet (m)	арзан	[arzan]
orge (f)	чав	[ʤav]
maïs (m)	чуворимакка	[ʤuvorimakka]
riz (m)	шолй, биринч	[ʃoli:], [birinʤ]
sarrasin (m)	марчумак	[marʤumak]
pois (m)	нахӯд	[naχœd]
haricot (m)	лӯбиё	[lœbijɔ]
soja (m)	соя	[soja]
lentille (f)	наск	[nask]
fèves (f pl)	лӯбиё	[lœbijɔ]

LA GÉOGRAPHIE RÉGIONALE

Les pays du monde. Les nationalités

192. La politique. Le gouvernement. Partie 1

politique (f)	сиёсат	[sijɔsat]
politique (adj)	сиёсӣ	[sijɔsi:]
homme (m) politique	сиёсатмадор	[sijɔsatmador]
état (m)	давлат	[davlat]
citoyen (m)	гражданин	[graʒdanin]
citoyenneté (f)	гражданият	[graʒdanijat]
armoiries (f pl) nationales	нишони миллӣ	[niʃoni milli:]
hymne (m) national	гимн	[gimn]
gouvernement (m)	ҳукумат	[hukumat]
chef (m) d'état	раиси кишвар	[raisi kiʃvar]
parlement (m)	маҷлис	[madʒlis]
parti (m)	ҳизб	[hizb]
capitalisme (m)	капитализм	[kapitalizm]
capitaliste (adj)	капиталистӣ	[kapitalisti:]
socialisme (m)	сотсиализм	[sotsializm]
socialiste (adj)	сотсиалистӣ	[sotsialisti:]
communisme (m)	коммунизм	[kommunizm]
communiste (adj)	коммунистӣ	[kommunisti:]
communiste (m)	коммунист	[kommunist]
démocratie (f)	демократия	[demokratija]
démocrate (m)	демократ	[demokrat]
démocratique (adj)	демократӣ	[demokrati:]
parti (m) démocratique	ҳизби демократӣ	[hizbi demokrati:]
libéral (m)	либерал	[liberal]
libéral (adj)	либералӣ, ... и либерал	[liberali:], [i liberal]
conservateur (m)	консерватор	[konservator]
conservateur (adj)	консервативӣ	[konservativi:]
république (f)	ҷумҳурият	[dʒumhurijat]
républicain (m)	ҷумҳурихоҳ	[dʒumhurixoh]
parti (m) républicain	ҳизби ҷумҳурихоҳон	[hizbi dʒumhurixohon]
élections (f pl)	интихобот	[intixobot]
élire (vt)	интихоб кардан	[intixob kardan]
électeur (m)	интихобкунанда	[intixobkunanda]

campagne (f) électorale	маъракаи интихоботй	[ma'rakai intiχoboti:]
vote (m)	овоздиҳй	[ovozdihi:]
voter (vi)	овоз додан	[ovoz dodan]
droit (m) de vote	ҳуқуқи овоздиҳй	[huquqi ovozdihi:]

candidat (m)	номзад	[nomzad]
poser sa candidature	номзад интихоб шудан	[nomzad intiχob ʃudan]
campagne (f)	маърака	[ma'raka]

| d'opposition (adj) | мухолиф | [muχolif] |
| opposition (f) | оппозитсия | [oppozitsija] |

visite (f)	ташриф	[taʃrif]
visite (f) officielle	ташрифи расмй	[taʃrifi rasmi:]
international (adj)	байналхалқй	[bajnalχalqi:]

| négociations (f pl) | гуфтугузор | [guftuguzor] |
| négocier (vi) | гуфтушунид гузарондан | [guftuʃunid guzarondan] |

193. La politique. Le gouvernement. Partie 2

société (f)	чамъият	[dʒam'ijat]
constitution (f)	конститутсия	[konstitutsija]
pouvoir (m)	ҳокимият	[hokimijat]
corruption (f)	ришватхӯрй	[riʃvatχœri:]

| loi (f) | қонун | [qonun] |
| légal (adj) | конунй, … и конун | [konuni:], [i konun] |

| justice (f) | ҳаққоният | [haqqonijat] |
| juste (adj) | ҳаққонй | [haqqoni:] |

comité (m)	комитет	[komitet]
projet (m) de loi	лоиҳаи қонун	[loihai qonun]
budget (m)	бучет	[budʒet]
politique (f)	сиёсат	[sijɔsat]
réforme (f)	ислоҳот	[islohot]
radical (adj)	радикалй	[radikali:]

puissance (f)	қувва	[quvva]
puissant (adj)	тавоно	[tavono]
partisan (m)	тарафдор	[tarafdor]
influence (f)	таъсир, нуфуз	[ta'sir], [nufuz]

régime (m)	тартибот	[tartibot]
conflit (m)	низоъ	[nizo']
complot (m)	суиқасд	[suiqasd]
provocation (f)	иғво	[iʁvo]

renverser (le régime)	сарнагун кардан	[sarnagun kardan]
renversement (m)	сарнагун кардани	[sarnagun kardani]
révolution (f)	инқилоб	[inqilob]
coup (m) d'État	табаддулот	[tabaddulot]
coup (m) d'État militaire	табаддулоти ҳарби	[tabadduloti harbi]

crise (f)	бӯхрон	[bœhron]
baisse (f) économique	таназзули иқтисодӣ	[tanazzuli iqtisodi:]
manifestant (m)	намоишгар	[namoiʃgar]
manifestation (f)	намоиш	[namoiʃ]
loi (f) martiale	вазъияти ҷанг	[vaz'ijati ʤang]
base (f) militaire	пойгоҳи ҳарбӣ	[pojgohi harbi:]

| stabilité (f) | устуворӣ | [ustuvori:] |
| stable (adj) | устувор | [ustuvor] |

| exploitation (f) | истисмор | [istismor] |
| exploiter (vt) | истисмор кардан | [istismor kardan] |

racisme (m)	нажодпарастӣ	[naʒodparasti:]
raciste (m)	нажодпараст	[naʒodparast]
fascisme (m)	фашизм	[faʃizm]
fasciste (m)	фашист	[faʃist]

194. Les différents pays du monde. Divers

étranger (m)	хориҷӣ	[xoriʤi:]
étranger (adj)	хориҷӣ	[xoriʤi:]
à l'étranger (adv)	дар хориҷа	[dar xoriʤa]

émigré (m)	муҳоҷир	[muhoʤir]
émigration (f)	муҳоҷират	[muhoʤirat]
émigrer (vi)	муҳоҷират кардан	[muxoʤirat kardan]

Ouest (m)	Ғарб	[ʁarb]
Est (m)	Шарқ	[ʃarq]
Extrême Orient (m)	Шарқи Дур	[ʃarqi dur]

civilisation (f)	тамаддун	[tamaddun]
humanité (f)	башарият	[baʃarijat]
monde (m)	дунё	[dunjo]
paix (f)	сулҳ	[sulh]
mondial (adj)	ҷаҳонӣ	[ʤahoni:]

patrie (f)	ватан	[vatan]
peuple (m)	халқ	[xalq]
population (f)	аҳолӣ	[aholi:]
gens (m pl)	одамон	[odamon]
nation (f)	миллат	[millat]
génération (f)	насл	[nasl]

territoire (m)	хок	[xok]
région (f)	минтақа	[mintaqa]
état (m) (partie du pays)	штат	[ʃtat]

tradition (f)	анъана	[an'ana]
coutume (f)	одат	[odat]
écologie (f)	экология	[ɛkologija]
indien (m)	ҳиндуи Америка	[hindui amerika]
bohémien (m)	лӯлӣ	[lœli:]

| bohémienne (f) | лӯлизан | [lœlizan] |
| bohémien (adj) | ... и лӯлӣ | [i lœli:] |

empire (m)	империя	[imperija]
colonie (f)	мустамлика	[mustamlika]
esclavage (m)	ғуломӣ	[ʁulomi:]
invasion (f)	тохтутоз	[toχtutoz]
famine (f)	гуруснагӣ	[gurusnagi:]

195. Les groupes religieux. Les confessions

| religion (f) | дин | [din] |
| religieux (adj) | динӣ | [dini:] |

foi (f)	ақоиди динӣ	[aqoidi dini:]
croire (en Dieu)	бовар доштан	[bovar doʃtan]
croyant (m)	имондор	[imondor]

| athéisme (m) | атеизм, бединӣ | [ateizm], [bedini:] |
| athée (m) | атеист, бедин | [ateist], [bedin] |

christianisme (m)	масеҳият	[masehijat]
chrétien (m)	масеҳӣ	[masehi:]
chrétien (adj)	масеҳӣ	[masehi:]

catholicisme (m)	мазҳаби католикӣ	[mazhabi katoliki:]
catholique (m)	католик	[katolik]
catholique (adj)	католикӣ	[katoliki:]

protestantisme (m)	Мазҳаби протестантӣ	[mazhabi protestanti:]
Église (f) protestante	Калисои протестантӣ	[kalisoi protestanti:]
protestant (m)	протестант	[protestant]

Orthodoxie (f)	Православӣ	[pravoslavi:]
Église (f) orthodoxe	Калисои православӣ	[kalisoi pravoslavi:]
orthodoxe (m)	православӣ	[pravoslavi:]

Presbytérianisme (m)	Мазҳаби пресвитерӣ	[mazhabi presviteri:]
Église (f) presbytérienne	Калисои пресвитерӣ	[kalisoi presviteri:]
presbytérien (m)	пресвитерӣ	[presviteri:]

| Église (f) luthérienne | калисои лютеранӣ | [kalisoi ljuterani:] |
| luthérien (m) | лютермазҳаб | [ljutermazhab] |

| Baptisme (m) | баптизм | [baptizm] |
| baptiste (m) | баптист, пайрави баптизм | [baptist], [pajravi baptizm] |

Église (f) anglicane	калисои англиканӣ	[kalisoi anglikani:]
anglican (m)	англиканӣ	[anglikani:]
Mormonisme (m)	мазҳаби мормонӣ	[mazhabi mormoni:]
mormon (m)	мормон	[mormon]

| judaïsme (m) | яхудият | [jahudijat] |
| juif (m) | яхуди | [jahudi] |

| Bouddhisme (m) | буддизм | [buddizm] |
| bouddhiste (m) | буддой | [buddoi:] |

| hindouisme (m) | Ҳиндуия | [hinduija] |
| hindouiste (m) | ҳиндуй | [hindui:] |

islam (m)	Ислом	[islom]
musulman (m)	мусулмон	[musulmon]
musulman (adj)	мусулмонй	[musulmoni:]

Chiisme (m)	Мазҳаби шиа	[mazhabi ʃia]
chiite (m)	шиа	[ʃia]
Sunnisme (m)	Мазҳаби суннй	[mazhabi sunni:]
sunnite (m)	сунниён	[sunnijɔn]

196. Les principales religions. Le clergé

| prêtre (m) | рӯҳонй | [rœhoni:] |
| Pape (m) | папаи Рим | [papai rim] |

moine (m)	роҳиб	[rohib]
bonne sœur (f)	роҳиба	[rohiba]
pasteur (m)	пастор	[pastor]

abbé (m)	аббат	[abbat]
vicaire (m)	викарий	[vikarij]
évêque (m)	епископ	[episkop]
cardinal (m)	кардинал	[kardinal]

prédicateur (m)	воиз	[voiz]
sermon (m)	ваъз	[va'z]
paroissiens (m pl)	аҳли калисо	[ahli kaliso]

| croyant (m) | имондор | [imondor] |
| athée (m) | атеист, бедин | [ateist], [bedin] |

197. La foi. Le Christianisme. L'Islam

| Adam | Одам | [odam] |
| Ève | Ҳавво | [havvo] |

Dieu (m)	Худо, Оллоҳ	[xudo], [olloh]
le Seigneur	Худо	[xudo]
le Tout-Puissant	қодир	[qodir]

péché (m)	гуноҳ	[gunoh]
pécher (vi)	гуноҳ кардан	[gunoh kardan]
pécheur (m)	гунаҳкор	[gunahkor]
pécheresse (f)	зани гунаҳгор	[zani gunahgor]

| enfer (m) | дӯзах, ҷаҳаннам | [dœzax], [dʒahannam] |
| paradis (m) | биҳишт | [bihiʃt] |

| Jésus | Исо | [iso] |
| Jésus Christ | Исои Масех | [isoi maseh] |

le Saint-Esprit	Рӯхулкудс	[rœhulquds]
le Sauveur	Наҷоткор	[nadʒotkor]
la Sainte Vierge	Бибӣ Марям	[bibi: marjam]

| Satan | Шайтон | [ʃajton] |
| satanique (adj) | шайтонӣ | [ʃajtoni:] |

ange (m)	малак, фаришта	[malak], [fariʃta]
ange (m) gardien	фариштаи нигаҳбон	[fariʃtai nigahbon]
angélique (adj)	... и малак, ... и фаришта	[i malak], [i fariʃta]

apôtre (m)	апостол, ҳаворӣ	[apostol], [havori:]
archange (m)	малоикаи муқарраб	[maloikai muqarrab]
antéchrist (m)	даҷҷол, хари даҷҷол	[dadʒdʒol], [χari dadʒdʒol]

Église (f)	Калисо	[kaliso]
Bible (f)	Таврот ва Инҷил	[tavrot va indʒil]
biblique (adj)	Навиштаҷотӣ	[naviʃtadʒoti:]

Ancien Testament (m)	Аҳди қадим	[ahdi qadim]
Nouveau Testament (m)	Аҳди Ҷадид	[ahdi dʒadid]
Sainte Écriture (f)	Навиштаҷоти Илоҳӣ	[naviʃtadʒoti ilohi:]
Cieux (m pl)	Осмон, Подшоҳии Худо	[osmon], [podʃohi:i χudo]

commandement (m)	фармон	[farmon]
prophète (m)	пайғамбар	[pajʁambar]
prophétie (f)	пайғамбарӣ	[pajʁambari:]

Allah	Оллоҳ	[olloh]
Mahomet	Муҳаммад	[muhammad]
le Coran	қуръон	[qur'on]

mosquée (f)	масҷид	[masdʒid]
mulla (m)	мулло	[mullo]
prière (f)	намозхонӣ	[namozχoni:]
prier (~ Dieu)	намоз хондан	[namoz χondan]

pèlerinage (m)	зиёрат	[zijorat]
pèlerin (m)	зиёраткунанда	[zijoratkunanda]
La Mecque	Макка	[makka]

église (f)	калисо	[kaliso]
temple (m)	ибодатгоҳ	[ibodatgoh]
cathédrale (f)	собор	[sobor]
gothique (adj)	готикӣ	[gotiki]
synagogue (f)	каниса	[kanisa]
mosquée (f)	масҷид	[masdʒid]

chapelle (f)	калисои хурд	[kalisoi χurd]
abbaye (f)	аббатӣ	[abbati:]
couvent (m)	дайр	[dajr]
monastère (m)	дайри мардон	[dajri mardon]
cloche (f)	нокус, зангӯла	[noqus], [zangœla]

clocher (m)	зангӯлахона	[zangœlaχona]
sonner (vi)	занг задан	[zang zadan]
croix (f)	салиб	[salib]
coupole (f)	гунбаз	[gunbaz]
icône (f)	икона	[ikona]
sort (m) (destin)	тақдир	[taqdir]
mal (m)	бадӣ	[badi:]
bien (m)	некӣ	[neki:]
vampire (m)	вампир	[vampir]
sorcière (f)	ҷодугарзан, албастӣ	[dʒodugarzan], [albasti:]
démon (m)	азозил	[azozil]
rachat (m)	кафорат	[kaforat]
racheter (pécheur)	кафорат кардан	[kaforat kardan]
office (m), messe (f)	ибодат	[ibodat]
dire la messe	ибодат кардан	[ibodat kardan]
confession (f)	омурзиш	[omurziʃ]
se confesser (vp)	омурзиш хостан	[omurziʃ χostan]
saint (m)	муқаддас	[muqaddas]
sacré (adj)	муқаддас	[muqaddas]
l'eau bénite	оби муқаддас	[obi muqaddas]
rite (m)	маросим	[marosim]
rituel (adj)	маросимӣ	[marosimi:]
sacrifice (m)	қурбонӣ	[qurboni:]
superstition (f)	хурофот	[χurofot]
superstitieux (adj)	хурофотпараст	[χurofotparast]
vie (f) après la mort	охират	[oχirat]
vie (f) éternelle	ҳаёти абадӣ	[hajoti abadi:]

DIVERS

198. Quelques mots et formules utiles

aide (f)	кумак	[kumak]
arrêt (m) (pause)	танаффус	[tanaffus]
balance (f)	мизон	[mizon]
barrière (f)	сад, монеа	[sad], [monea]
base (f)	асос	[asos]
catégorie (f)	категория	[kategorija]
cause (f)	сабаб	[sabab]
choix (m)	интихоб	[intiχob]
chose (f) (objet)	шайъ	[ʃaj']
coïncidence (f)	рост омадани	[rost omadani]
comparaison (f)	муқоисакунй	[muqoisakuni:]
compensation (f)	товон	[tovon]
confortable (adj)	барохат	[barohat]
croissance (f)	афзоиш, зиёдшавй	[afzoiʃ], [zijodʃavi:]
début (m)	сар	[sar]
degré (m) (~ de liberté)	дараҷа	[daradʒa]
développement (m)	пешравӣ	[peʃravi:]
différence (f)	фарқ, тафриқа	[farq], [tafriqa]
d'urgence (adv)	зуд, фавран	[zud], [favran]
effet (m)	таъсир	[ta'sir]
effort (m)	саъю кӯшиш	[sa'ju kœʃiʃ]
élément (m)	элемент	[ɛlement]
exemple (m)	мисол, назира	[misol], [nazira]
fait (m)	факт	[fakt]
faute, erreur (f)	хато	[χato]
fin (f)	анҷом	[andʒom]
fond (m) (arrière-plan)	таг	[tag]
forme (f)	шакл	[ʃakl]
fréquent (adj)	зуд-зуд	[zud-zud]
genre (m) (type, sorte)	хел	[χel]
idéal (m)	идеал	[ideal]
labyrinthe (m)	лабиринт	[labirint]
mode (m) (méthode)	тарз	[tarz]
moment (m)	лаҳза, дам	[lahza], [dam]
objet (m)	объект	[ob'ekt]
obstacle (m)	монеа	[monea]
original (m)	нусхаи асл	[nusχai asl]
part (f)	қисм	[qism]
particule (f)	зарра	[zarra]

pause (f)	фосила	[fosila]
position (f)	мавқеъ	[mavqe']
principe (m)	принсип	[prinsip]
problème (m)	масъала	[mas'ala]
processus (m)	чараён	[dʒarajon]
progrès (m)	тараққӣ	[taraqqi:]
propriété (f) (qualité)	хосият	[χosijat]
réaction (f)	аксуламал	[aksulamal]
risque (m)	хатар, таваккал	[χatar], [tavakkal]
secret (m)	сир, роз	[sir], [roz]
série (f)	силсила	[silsila]
situation (f)	вазъият	[vaz'ijat]
solution (f)	ҳал	[hal]
standard (adj)	стандартӣ	[standarti:]
standard (m)	стандарт	[standart]
style (m)	услуб	[uslub]
système (m)	тартиб	[tartib]
tableau (m) (grille)	чадвал	[dʒadval]
tempo (m)	суръат	[sur'at]
terme (m)	истилоҳ	[istiloh]
tour (m) (attends ton ~)	навбат	[navbat]
type (m) (~ de sport)	навъ	[nav']
urgent (adj)	зуд, фаврӣ	[zud], [favri:]
utilité (f)	фоида	[foida]
vérité (f)	ҳақиқат	[haqiqat]
version (f)	вариант	[variant]
zone (f)	минтақа	[mintaqa]

www.ingramcontent.com/pod-product-compliance
Lightning Source LLC
LaVergne TN
LVHW051341080426
835509LV00020BA/3247